La ruta del pragmatismo

Andrés Mejía Vergnaud

La ruta del pragmatismo

*La filosofía de lo posible,
lo concreto y lo que funciona*

DEBATE

MIXTO
Papel | Apoyando la
silvicultura responsable
FSC
www.fsc.org
FSC® C199593

Penguin
Random House
Grupo Editorial

Título de la presente edición: *La ruta del pragmatismo*
Primera edición: julio, 2025

© 2025, Andrés Mejía Vergnaud
© 2025, Penguin Random House Grupo Editorial, S. A. S.
Carrera 7 # 75-51, piso 7, Bogotá, D. C., Colombia
PBX: (57-601) 743-0700

Diseño de cubierta: Penguin Random House Grupo Editorial / Patricia Martínez Linares
Imágenes de cubierta: © Patricia Martínez Linares

Impreso en Colombia-*Printed in Colombia*

ISBN: 978-628-7669-86-4

Compuesto en caracteres Adobe Garamond Pro

Impreso por Editorial Nomos, S.A.

Al Departamento de Filosofía de la Universidad Nacional
de Colombia; a sus profesores, que me enseñaron a leer
y me mostraron que pensar no implica concluir;
a mis compañeros y amigos; y a todos los que me tuvieron
paciencia, y me acogieron y volvieron a acoger.

Contenido

I

INVITACIÓN

Vengo a hacerles una invitación a conversar. A conversar mientras caminamos por un lugar que he estado tratando de recorrer y de entender durante al menos los últimos diez años (como veremos, seguramente es más). La caminata que haremos, si aceptan mi invitación, no tiene un recorrido fijo ni ordenado: no hay un esquema ni un cuadro sinóptico. Hay, eso sí, un punto de partida, pero el recorrido que a partir de él haremos parecerá a veces no tener un rumbo; no se preocupen: lo tiene, pero solo al final lograremos apreciarlo. Mi aspiración por ello es que cuando terminemos este recorrido, o al menos la etapa que está materializada en este libro, tengamos la sensación de haber cubierto un terreno muy amplio y, sobre todo, de haber hecho varios descubrimientos. De habernos sorprendido, de habernos asombrado, e incluso en más de una ocasión de habernos molestado.

¿Cómo saber si este recorrido ha sido provechoso? ¿Cómo saber si no hemos perdido el tiempo dando vueltas? Muy fácil:

si al final de esta lectura nos sentimos más humanos y más humildes pero a la vez más capaces, creo que habremos cumplido esta misión (o al menos la primera parte de ella). Si de repente sentimos que entendemos muchas cosas que antes no entendíamos; si de repente vemos desde arriba aquellas cosas que antes nos angustiaban porque sentíamos estar dentro de ellas; si de repente sentimos que entendemos por qué funcionan las cosas que funcionan y por qué perduran las cosas que perduran; si de repente nos sentimos más libres para pensar admitiendo errores, licencias y desviaciones temporales del canon lógico en virtud de hacer avances; si de repente nos sentimos libres de ataduras nominales, simbólicas, conceptuales y lógicas innecesarias (y en ese sentido más capaces de imaginar, crear, avanzar y solucionar); si de repente nos sentimos más capaces de enfocarnos hacia logros concretos; y si de repente empezamos a evaluar los sistemas que construimos y aquellos en los que vivimos en función de su capacidad de cumplir objetivos concretos, pienso que habremos logrado el objetivo de esta primera fase, y que estaremos listos para explorar otras.

¿Por qué una caminata, por qué no una lección formal, un tratado o un libro de texto? Primero, porque me gusta la idea de caminar conversando sobre ideas. Vine luego a encontrar este concepto cuando, como estudiante de Filosofía, aprendí que a Aristóteles y a sus colegas y alumnos del Liceo, la institución académica que fundó y dirigió en las afueras de Atenas, la gente de la ciudad los llamaba *peripatéticos* porque hacían sus lecciones y sus discusiones caminando (*peripatein* en griego antiguo significa 'caminar por ahí'). A su manera, tuve profesores en la universidad que se aproximaban a este método, en particular cuando en alguno de los numerosos paros de mi Universidad Nacional nos veíamos obligados a hacer clase en un café, o caminando por los jardines de la universidad, o por alguna calle tranquila de la ciudad. Pero me he enterado de que, de acuerdo con investigaciones arqueológicas recientes, esta idea se ha reevaluado y ahora se cree que la razón por la que se llamaba así a los aristotélicos era porque hacían sus clases en un lugar llamado *peripatos*, no necesariamente porque lo hicieran caminando. Sin embargo, nada nos impide quedarnos con la magia de la idea anterior, y nada nos impide suponer que, si aquel jardín se llamaba *peripatos*, es porque allí conversaban caminando.

Pero hay otra razón, tal vez en el fondo más importante y sustancial: mi intención no es hacer un tratado, es compartir vivencias y experiencias personales. Por eso en ocasiones este texto parecerá un poco desordenado, y tal vez ustedes puedan sentir que carece de la estructura formal propia de un libro. Mi propósito no es hacer una teoría del pragmatismo, ni un texto sinóptico sobre el tema. No es más que llevarles a ustedes lo que han sido mis vivencias y descubrimientos personales en una serie de temas y de ámbitos; todos ellos, curiosamente, pese a haber sucedido en momentos diferentes del tiempo, y pese a haber emergido en circunstancias muy disímiles, apuntan hacia el mismo lugar, y ese lugar, por decirlo de manera amplia, es el enfoque y la perspectiva pragmática de las cosas.

¿Qué puedo decir acerca del recorrido que vamos a hacer? Si me permiten la expresión (ya verán por qué), es un recorrido por el *jardín* de lo posible. Es el jardín de los logros. Es el jardín de lo concreto. Es el jardín de lo que perdura, no porque sea sólido o irrompible, sino porque es flexible y adaptable. Es el jardín en el que avanzamos y alcanzamos resultados concretos: lo hacemos como individuos, y lo hacen también las organizaciones, los arreglos, las instituciones y los esquemas que junto con otros construimos. Y la elección de esta metáfora es deliberada porque quiero hacer un contraste con otro jardín muy conocido en nuestra cultura, el Jardín del Edén o el Jardín de las Delicias, donde todo era armónico, gratuito, ilimitado, y donde todo era posible; donde todo estaba disponible sin pagar ningún precio. Aquí, en contraste, veremos que la clave para alcanzar logros está en la conciencia de varias cosas: que no todas nuestras aspiraciones son armónicas, que jamás ellas son gratuitas y que no todos nuestros objetivos son consistentes entre sí; que incluso entre lo que valoramos hay choques y enfrentamientos; que alcanzar algunas cosas implicará renunciar a otras; que el camino más eficaz para lograr las cosas que queremos es establecer intercambios; que tomar un camino implica no tomar los otros, y que como regla general avanzar implica dejar algo atrás. En el Jardín del Edén no existe el concepto de negociación, porque no es necesario renunciar a nada para obtener lo que deseamos. En el Jardín del Edén no existe el concepto de equilibrio pues no es necesario: no hay contraposición de intereses ni de objetivos entre nadie. No existe el concepto de intercambio porque para obtener algo no hay que dar nada a cambio, solo tomarlo. En el Jardín del Edén nadie conoce el concepto de elegir, pues todo es infinitamente abundante y todo está permanentemente disponible. Nadie en el Jardín del Edén tiene jamás que tomar decisiones, pues todo lo que cualquiera pueda querer y desear está siempre a su alcance y, sobre todo, no hay conflicto alguno entre querer o alcanzar tal cosa y querer y alcanzar todas las demás. No hay angustia, pues jamás siente dentro de su mente la angustia de tener propósitos incompatibles o de valorar cosas contradictorias. Nadie decide, nadie negocia, nadie contrabalancea, nadie sopesa nada, nadie paga por nada, nadie sufre en la indecisión o la angustia. Pero en fin, el dato más importante con respecto al Jardín del Edén es que este no existe y allí no vive nadie. Su definición es ser un lugar inexistente. Porque el mundo sin conflictos, sin escasez y sin dilemas no existe.

El mundo en el que vivimos, por el contrario, es el mundo de la escasez, de la contradicción, de la angustia y de los dilemas. Es un mundo que tenemos que compartir con muchas otras personas, que al igual que nosotros tienen objetivos y propósitos. En ocasiones esos objetivos chocarán con los nuestros, lo cual nos presenta la alternativa, o de luchar hasta matarnos, o de sentarnos a buscar cómo balancear esos propósitos, y así renunciar a la obtención plena de lo que queremos a cambio de poder seguir viviendo y viviendo en paz. La nuestra es la vida en la que, incluso sin salir de nuestra habitación, encontraremos conflicto, fricción y choque, pues ni siquiera todas las cosas que íntimamente queremos y valoramos son compatibles o posibles a la vez; esa es la fuente de gran parte de la angustia y del sufrimiento que todos sentimos desde nuestros primeros minutos de vida. El nuestro es el mundo en el cual las cosas que satisfacen nuestros anhelos y nuestras necesidades son irremediablemente escasas, por lo cual tenemos que intercambiar y tenemos que negociar. Y de hecho las cosas son escasas incluso si son abundantes, porque el verdadero contrario de la escasez no es la abundancia sino la disponibilidad infinita e ilimitada: incluso lo abundante es escaso porque no es infinito y podría no alcanzar. El nuestro es el mundo en el cual el logro de un objetivo valioso implica renunciar a otros. El nuestro es un mundo donde nos unimos con otros para conformar comunidades, sociedades e instituciones cuya mayor virtud, en la práctica, no es que satisfagan algún objetivo supremo sino que cumplan con el propósito para el cual las conformamos, y que sean capaces de cambiar a medida que cambian las circunstancias, a medida que cambian nuestros recursos, y a medida que cambian nuestros valores. El nuestro es un mundo en el que la coherencia y la consistencia son ficciones que tal vez son útiles en algunos ámbitos y con algunos propósitos específicos, pero que nada tienen que ver con nuestra realidad interior y exterior llenas de contradicciones.

Y este es un mundo que, en la práctica, nos presenta un dilema: o persistimos en ignorar sus realidades mientras soñamos con mundos ideales, o nos hacemos conscientes de ellas. La primera alternativa, seguramente más virtuosa y admirable ante ciertos ojos, nos conduce a la parálisis. La segunda, en apariencia más modesta, nos conduce a hacer, a lograr, a avanzar. Mi invitación, entonces, es a conocer las claves de esta segunda alternativa que para efectos de esta conversación llamaremos *pragmatismo*.

PERO ANTES: ¿ES ESTE LIBRO "UN SANCOCHO"?

Sí, claro que lo es.

Para lectores no colombianos expliquemos la metáfora: existe en mi país (Colombia) una preparación muy propia de la culinaria nacional, y que en diferentes versiones se sirve en zonas varias de Colombia. Se llama sancocho, y su característica común es la de ser una mezcla indiferenciada de muchas cosas dentro de una misma sopa. Ello ha dado lugar a la metáfora muy colombiana de acuerdo con la cual cuando en un texto, una explicación, una propuesta o un discurso hay una mezcla muy fuerte de elementos variados, se dice que él o ella es "un sancocho".

Nótese que, en su uso coloquial, esta metáfora tiene una connotación desaprobatoria: es una manera de decir que en ello a lo que así se califica hay desorden, y que hay sobre todo una combinación arbitraria y no justificada de elementos. Usualmente se emplea para señalar que un texto o una explicación son irremediablemente confusos y desordenados.

Pero hay una razón por la cual este libro es un sancocho, y no podría no serlo, y esa razón es que, aun cuando en el tratamiento académico de las cosas es posible y recomendable hacer sinopsis, dividir en categorías, clasificar y separar, así no es como se presentan las cosas en la realidad de la experiencia humana: en esta todo se nos viene encima sin que necesariamente tengamos ni el tiempo ni la posibilidad de hacer una taxonomía aristotélica (es a Aristóteles, por cierto, a quien se atribuye haber establecido esa manera de pensar en la cual las cosas se separan y se clasifican). Ese ejercicio de taxonomía, insisto, no solo es apropiado sino que es totalmente recomendable en el estudio académico de las cosas, pues es el que nos abre el camino hacia la comprensión de los fenómenos: cuando de un fenómeno logramos hacer ese ejercicio, lo hemos sometido como el luchador de judo que tiene a su oponente en el suelo. Sin embargo, es muy probable que, aunque la sinopsis y la taxonomía sean la vía de entrada hacia el estudio de un fenómeno, en las fases avanzadas o superiores de ese estudio se llegue a una comprensión más integral y en la que los elementos se puedan apreciar en conjunto. En el caso de este texto solo les diría que, al ser mi intención compartir con ustedes experiencias y reflexiones que se me presentaron en el modo impredecible, indiferenciado y aleatorio como se presentan las cosas en la realidad, creo que lo mejor es que el texto refleje y comunique ese mismo carácter.

De hecho, al avanzar en el recorrido, algo que seguramente les llamará la atención es que aquí aparecerán juntos temas que usualmente no van así, sea porque pertenecen a dominios diferentes, o porque en la pedagogía usual se separan en disciplinas diversas, o porque su conexión no sea apreciable de manera esencial e inmediata. Esto es, de hecho, una decisión pragmática, y de cierta manera un manifiesto en ese sentido: es una decisión pragmática en cuanto el criterio para agrupar aquí los temas será únicamente el de que, al hacer esa agrupación, nos aproximamos mejor a la comprensión y (tal vez) solución del problema que estamos abordando. Y por eso es, también, un manifiesto: un llamado a dejar atrás los criterios esencialistas, rígidos y taxonómicos en favor de las opciones pragmáticas; un llamado a entender que la justificación de nuestras decisiones no tiene por qué obedecer a un imperativo de fundamentación: esa exigencia tan constante en nuestra tradición occidental de tener que buscar y ofrecer, para lo que creemos y hacemos, fundamentos seguros y sólidos que además estén en un nivel diferente al de nuestras discusiones y nuestros problemas. Aquí vamos a encontrar un llamado a liberarnos de ese imperativo asfixiante, y a vivir la libertad y la plasticidad que obtenemos cuando asumimos que, de nuestras decisiones, acciones, arreglos e instituciones, no tiene por qué haber más fundamento que el de su valor práctico.

2

PRAGMATISMO

Pragmatismo, la palabra que da nombre a este libro, tiene usualmente dos acepciones, y el significado que le daremos aquí tiene parte de las dos aunque tal vez va un poco más allá.

La primera acepción, la más usual, apunta hacia una especie de inclinación práctica a hacer las cosas y a ver los problemas. Decimos que hay pragmatismo o que una persona es pragmática cuando, en sus decisiones y en sus acciones, atiende a criterios prácticos. Llamamos pragmática a la persona que no se enreda ni se estanca, que no se complica con consideraciones excesivas, y que se enfoca principalmente en la solución efectiva de los problemas. En el ámbito de la política y del gobierno, por ejemplo, suele haber una diferenciación muy clara entre las personas pragmáticas y las que son por inclinación más doctrinarias, ideológicas e incluso dogmáticas: en ese contraste, las personas pragmáticas son las que se inclinan por encontrar soluciones prácticas a los problemas, aun si (o especialmente si) ello implica negociar o comprometer un poco su ideología o los principios que más valoran. "Un enfoque práctico de los problemas y los asuntos", dice el *Merriam-Webster Dictionary*. "Actitud o tendencia de quien tiene por preferencia lo práctico o útil", dice el *Diccionario* de la *LenguaEspañola*. Esa es la primera y la más usual acepción de *pragmatismo*.

La segunda acepción de *pragmatismo* pertenece al ámbito de la filosofía, y se refiere a una tendencia o escuela filosófica originada en el siglo XIX en Estados Unidos, y usualmente asociada a los nombres de William James (1842-1910) y John Dewey (1859-1952). Otro nombre un poco menos conocido es el de Charles Sanders Peirce (1839-1914): este filósofo, cuya vida no fue muy afortunada, y quien llegó a dormir en las calles en Nueva York, es considerado el verdadero iniciador de la filosofía pragmatista. Todavía creo que al día de hoy, e incluso contando el hecho de que estos filósofos son muy leídos y estudiados, aún no se aprecia ni se le da el suficiente valor a la ruptura radical que significó la aparición de su manera de pensar. Fue una revolución cuyo manifiesto fue la supremacía de lo práctico, de lo que funciona, de lo que sirve y de lo que viene: y esto, que en principio sonaría prosaico y aplicable únicamente a los asuntos de la vida cotidiana, los pragmatistas lo llevaron a todos los ámbitos de la exploración filosófica, como la teoría del conocimiento, la filosofía de la ciencia, la teoría de la verdad, la lógica y la ética.

Sobre los fundadores del pragmatismo

Una muy buena introducción histórica y narrativa al nacimiento del pragmatismo puede encontrarse en el libro *The Metaphysical Club* de Louis Menand (2001). Está publicado en español como *El club de los metafísicos* (Ariel, 2016).

¿En qué medida esta filosofía fue una ruptura radical con lo anterior? Basta pensarlo de esta manera: en el pensamiento occidental veníamos de una larga tradición que se había construido sobre dos grandes pilares: el del pensamiento antiguo —que venía de la Grecia clásica y sus continuadores— y el del pensamiento moderno, que se originó a finales del Renacimiento, principalmente en la obra de René Descartes (1596-1650), y que fue luego desarrollado por una buena cantidad de pensadores. Simplificando un poco, podríamos decir que cada una de estas tradiciones tenía un acento. La tradición clásica tenía el acento en encontrar *la verdad*: la verdad sobre la naturaleza de lo que existe, sobre el bien y el mal y sobre la forma en la que los humanos debemos organizar nuestra vida juntos. Así, en esa visión, la mejor filosofía es la que de manera más exacta logra encontrar los verdaderos principios sobre la realidad de las cosas. Fue un camino fascinante que arrancó con los primeros pensadores occidentales, gente que sobre todo se preguntaba de qué estaban hechas y de dónde venían las cosas que vemos (Tales, Anaximandro, Anaxímenes, Demócrito, entre otros). Después de estos primeros pensadores, pero aún en la antigüedad clásica y dentro de ese mismo proyecto de investigación de *la verdad*, el pensamiento occidental dio un importante paso, importante porque le daría en adelante un sello muy propio: más allá de las cosas que vemos, de su origen y de su composición, vinieron quienes se preguntaron cuál es la *realidad última* de esas cosas, de lo que existe considerado como tal. Vendría gente como Heráclito a decirnos que la realidad fundamental de lo que existe no es más que cambio y movimiento constante, y que su naturaleza es jamás permanecer igual (de allí su expresión de que nadie se baña dos veces en el mismo río). O vendría Parménides a sostener la posición contraria: que lo que existe es, por definición, todo lo que hay y que "lo que no existe" no se puede ni siquiera concebir, pues por definición no existe: esto lo lleva a concluir que lo que existe, a diferencia de lo dicho por Heráclito, es una sola gran realidad continua que no cambia (pues si cambiara, en algún momento lo que existe pasaría a no existir, y viceversa, y eso es imposible por definición). Y en la cumbre del pensamiento clásico nos encontramos con Platón y Aristóteles, quienes abordaron la pregunta de manera muy disímil. Platón, mediante un proceso de exploración crítica, de preguntas y contrapreguntas (las cuales conforman sus *Diálogos*), trata de llegar a la respuesta de cuál es la verdad de lo que existe, de lo que es bueno y de cómo deberíamos organizarnos: su conclusión apunta a la existencia de una especie de mundo ideal de *formas* perfectas y eternas que está más allá de la realidad cambiante e imperfecta que vivimos y experimentamos. Aristóteles tiene un enfoque diferente: ir a ver las cosas: observar el cielo nocturno, diseccionar cuerpos, observar la variedad de las plantas, estudiar y describir los sistemas políticos, catalogar las diferentes formas de argumentación, y observar cuáles son las maneras más persuasivas de defender una tesis (y de narrar una historia). Cada uno con su propio enfoque llevó a la cima ese propósito y ese empeño propios y distintivos del pensamiento clásico: los de encontrar la verdad de lo que existe, la verdad sobre el bien y el mal, y sobre cómo debemos organizarnos.

Muchos siglos después la filosofía de Occidente cambiaría de acento, y al hacerlo daría origen al segundo de sus grandes pilares, el de buscar los *fundamentos*: los fundamentos del conocimiento, del actuar correcto y de nuestra forma de organización social y política. En ese sentido la palabra *fundamento* es entendida como base pero también como *garantía*: ¿cuál es la garantía de que lo que creo es una representación fiel de la realidad?; ¿cuál es la garantía de que mis principios de actuación son una expresión fidedigna de lo que es la forma correcta de actuar?; ¿cuál es la garantía de que la organización social y política corresponde con los verdaderos principios de justicia? Esa es la empresa de la filosofía de la modernidad, encontrar *garantías*. Y aunque toda idea original tiene precursores y desarrollos paralelos, es usual identificar el principio de esta forma de pensar con la obra de Descartes: fue él quien expresó de manera más clara esta ansiedad por encontrar fundamentos cuando escribió que, en adelante, y con el fin de reconstruir el conocimiento sobre una base sólida, se abstendría de sostener cualquier cosa que pudiera ser puesta en duda. Ahí hay una necesidad intensa de sentir que el conocimiento es firme y que está seguro: es pedir garantías, es buscar fundamentos, y esas garantías y esos fundamentos, por cuanto deben estar exentos de toda duda, tendrían que estar en un nivel diferente al de las cosas que sostienen, así como las columnas que sostienen un techo no hacen parte de él: son su fundamento. La exploración de Descartes, que por cierto está narrada con gran claridad y belleza literaria en su obra *Meditaciones sobre filosofía primera* (conocida también como *Meditaciones metafísicas,* por el título de su primera traducción al francés), constituye una especie de descenso hacia el abismo cuando el filósofo se da cuenta de que todo aquello en lo que siempre ha creído es susceptible de duda. Para salir de ese abismo, el autor va construyendo una especie de escalera en la cual, peldaño por peldaño, va encontrando fundamentos sólidos que le permiten volver a salir a la luz. Como curiosidad histórica, varios lectores contemporáneos de Descartes encontraron muy convincente su descenso al abismo pero no así la escalera que le lleva a salir de él, por lo cual se quedaron allá abajo, sumidos en el escepticismo. El escepticismo, por cierto, entendido en su acepción técnica y no en la usual de ser cauto y prudente, es una especie de enfermedad filosófica a la que fue muy vulnerable el pensamiento occidental moderno: si yo necesito tener fundamentos sólidos para creer en lo que creo, si para ello demando garantías indudables, y después no las encuentro por ningún lado, me quedo atrapado en el vacío y en la oscuridad. Por cierto, miren que, de manera casi anecdótica, este episodio de la historia filosófica nos muestra una realidad que encontraremos una y otra vez en nuestras reflexiones, y es la de que cada solución trae sus nuevos problemas.

Para leer a Descartes

Una excelente edición de las *Meditaciones* de René Descartes es la elaborada por Jorge Aurelio Díaz y publicada por la Universidad Nacional de Colombia (2009). Contiene el texto original en latín y su traducción al español, el texto en francés del propio Descartes con su traducción al español, y las "Objeciones y respuestas", una serie de comentarios de filósofos de la época con las respuestas de Descartes.

La búsqueda de garantías firmes se extendería a los ámbitos de la ética y de la organización social y política. El trabajo de pensadores como Thomas Hobbes, John Locke y Jean-Jacques Rousseau, por ejemplo, tenía el objeto de establecer los fundamentos de la legitimidad de un sistema político: nuevamente en búsqueda de garantías firmes, fundamentos sólidos para creer lo que creemos y para reconocer legitimidad (o no) de las organizaciones políticas en las que vivimos.

Teníamos entonces, en Occidente, una tradición filosófica muy seria construida sobre dos pilares: la idea de que la labor de quien piensa es encontrar *verdades* firmes, y la idea de que para esas verdades y para todo lo que creemos debe haber *fundamentos* y garantías. Frente a esta filosofía la reacción del pragmatismo es atrevida y radical: es una invitación a la apertura mental, a buscar lo que sirve y lo que funciona, a privilegiar la utilidad de las cosas sobre su coherencia conceptual, y a dar más importancia a lo que viene que a lo que ya pasó. En el pragmatismo, la pregunta por los fundamentos se transformará en una pregunta por lo que funciona en la realidad y confirma su valor a través de ella y de la práctica; la pregunta por la verdad, igualmente, se vuelve una pregunta que no puede resolverse sin mirar la manera como las creencias se someten a la prueba de la realidad. Diferentes autores darán a este llamado un sentido y una aplicación diferente. William James lo convertirá en una consigna universal y le dará aplicaciones tan revolucionarias como la contenida en su teoría de lo que es verdadero o no: para James el único criterio en ese dilema es la utilidad práctica, y aquello que tenga un impacto en la práctica, aquello que sea relevante para el andar de las cosas en el mundo, a eso es a lo que llamaremos verdadero. Esta es probablemente la posición más controversial de James; aplicada en el terreno de la religión, por ejemplo, lo llevará a sostener que la creencia religiosa es verdadera si tiene efectos prácticos en la vida de las personas y en la manera como las cosas efectivamente son y ocurren en el mundo real. Y aunque eso en principio nos suene extraño, por cuanto es contrario a nuestras concepciones clásicas de falso y verdadero (verdadera es una tesis que corresponde con la realidad, sin importar su impacto práctico), a favor de James habría que decir que él fue fiel a su principio e hizo investigaciones muy profundas en la manera como en la realidad se presentan las creencias religiosas y los efectos que ellas tienen (de ahí su muy famoso libro *Las variedades de la experiencia religiosa*). Pero bueno: aun si el planteamiento de James suena aventurado y hasta descabellado, dejó instalada una forma de pensar que sería en el futuro desarrollada por personas como Willard Van Orman Quine, Richard Rorty, Hilary Putnam y Ruth Anna Putnam. Y en el fondo, la idea de James sigue resonando como un llamado revolucionario: un llamado a olvidarnos de los atributos abstractos de las cosas y a dejar de preocuparnos por el hallazgo de fundamentos indudables; un llamado a bajar al mundo y hacer una filosofía concentrada en la práctica, en los efectos concretos de lo que creemos, en la posibilidad de encontrar soluciones en la realidad de las cosas, a pensar en lo que podemos *hacer*, a aceptar que vivimos en un mundo cambiante y plural, a admitir que el conocimiento es sobre todo un instrumento de adaptación a la realidad, a concentrarnos en lo que viene y en el futuro, y a aceptar que el mundo, abierto y cambiante como es, se resiste a la pretensión filosófica de encerrarlo en sistemas racionales cerrados y bien fundamentados.

¿Suena como un llamado al caos? En principio así puede parecer, sobre todo al observar los alcances que les da James a sus propios postulados. Pero superado el choque inicial podemos apreciar la filosofía que hay detrás de esta proclama, y veremos que ella no es más que una invitación a aceptar el mundo como el escenario complejo que efectivamente es, y a aceptarnos a nosotros mismos como el universo contradictorio que somos. Y así, dar a la práctica un papel central en la solución de problemas, en la construcción y selección de nuestras teorías sobre la realidad, y en la construcción y evaluación de nuestras estructuras sociales y políticas.

Con James nos volveremos a encontrar. Pero, por ahora, digamos que el sentido que en este texto daremos a la expresión *pragmatismo* va un poco más allá de los dos en los que, como hemos visto, se usa la expresión, pero conserva parte importante de cada uno. El primero, recordemos, es el sentido usual y coloquial, en el que entendemos el pragmatismo como una orientación general hacia los criterios prácticos en las acciones y en las decisiones. El segundo corresponde a la tendencia filosófica que acabamos de presentar.

Del primer sentido tomaremos su valor intrínseco: la orientación hacia el tratamiento práctico de las cosas y la solución práctica de los problemas. Del segundo tomaremos su llamado a que la práctica sea el criterio con el que evaluamos nuestras acciones, nuestras decisiones, nuestros sistemas de conocimiento y nuestros sistemas de organización. Y con ambos conceptos en la mano iniciaremos una exploración de los elementos centrales del enfoque pragmático. Sería incompatible con nuestros propios presupuestos pretender que esa exploración empiece y termine aquí: la realidad, el mundo y la vida son esencialmente abiertos y múltiples, y con seguridad nos quedarán varias fronteras para explorar. Y volviendo a la idea de que este será un recorrido en el que conversaremos, descubriremos y cambiaremos, les voy a proponer una ruta que pasa al menos por estas tres fases. Para mí esas fases fueron cada una de ellas un descubrimiento: espero que para ustedes lo sean.

En una primera fase vamos a encontrar un concepto, el de equilibrio, o más bien el de equilibrios, y a él vamos a llegar de la mano de otros conceptos como los de *trade-off*, *compromise* y negociación: veremos cómo los logros concretos y efectivos se forman a través de estos mecanismos y se materializan en los millones de situaciones de intercambio y de beneficio mutuo a las que llamaremos *equilibrios*.

En una segunda fase vamos a hacer una reivindicación de lo que funciona, de la funcionalidad de los sistemas como criterio central del valor que ellos tienen. Como veremos, esto que suena tan obvio ha quedado atrás, cubierto por la neblina de otros conceptos como los de justicia.

Finalmente vamos a someter todo esto a un ejercicio de autocrítica, con el cual concluirá nuestra exploración. A través de un célebre caso histórico vamos a poner en dificultades todas las tesis que hasta entonces habremos estado defendiendo, y veremos cómo emergen de ese desafío.

Ninguna de estas fases será fácil. Todos los planteamientos que haremos son muy controversiales: no en vano son siglos y siglos de recibir la idea de que las cosas tienen que tener fundamentos sólidos, de que tiene que haber una armonía entre verdades últimas (de hecho, de que tiene que haber algo así como verdades últimas), y de que los valores supremos deben y pueden ser la guía de nuestras acciones y de la manera como nos organizamos. No aspiro a dar solución a esas controversias, sino a mostrar que su planteamiento implica ante todo un desprendimiento de la realidad. Y además, porque una de las cosas que aspiro a mostrar es que las controversias no se solucionan de manera definitiva, porque cada nueva solución abre nuevas controversias, y cada solución es el germen de nuevos problemas.

3

UN ENCUENTRO CON WILLIAM JAMES

Lean con atención estas palabras: "Lo que necesitamos es una filosofía que no solamente ejercite nuestras capacidades intelectuales de abstracción, sino que haga una conexión efectiva con este mundo real de seres finitos". Esta maravillosa idea, que yo tomo como guía e inspiración para la conversación que estamos empezando, fue pronunciada en Boston en 1907 como parte de las llamadas Conferencias Lowell, y quien las pronunció fue alguien que vivió una vida extraordinaria y que produjo ideas cuyo carácter revolucionario y de avanzada está todavía, en mi opinión, muy por encima de la admiración y el reconocimiento de que gozan actualmente. Esa persona se llama William James, que nació en Nueva York en 1842 y falleció en un lugar del estado de New Hampshire en 1910 a la edad de sesenta y ocho años.

Ya este nombre lo habíamos mencionado, y esta era una mención que seguramente ustedes estaban esperando al saber

que esta es una conversación sobre el pragmatismo. James, decíamos, es por excelencia el nombre que se identifica con esta
escuela o con esta manera de pensar. Y es, en esa medida, quien
en la historia de las ideas es reconocido como el gran anunciador de esa revolución. Todo el mundo, sin embargo, tiene un
profeta; todo el mundo tiene un Juan el Bautista que anuncia lo
que vendrá, y el de William James fue Charles Sanders Peirce, a
quien en efecto se le ocurrió por primera vez el planteamiento
de la filosofía que se vendría a conocer como pragmatismo.
Peirce y James vivieron vidas muy diferentes, y tuvieron destinos
muy distintos.

Al hablar de William James hablamos de un hombre que
quiso en su juventud ser artista, y trató de hacer una carrera
en ese campo. Que pasó su infancia y su juventud viajando
y viviendo en varios países por cuenta de los devaneos de su
singular padre, un seguidor de la llamada teología swedenborgiana. Este era un sistema de creencias originado por Emanuel
Swedenborg, un teólogo, científico y filósofo sueco un poco
peculiar que experimentaba revelaciones y veía visiones de la
eternidad y del más allá, que decía poder viajar al cielo y al infierno libremente, y que afirmaba que Jesucristo en persona se le
había aparecido mientras estaba en una taberna y, tras advertirle
que no comiera mucho, le encomendó la misión de revelar la
verdad. Swedenborg y sus ideas llegaron a tener unos cuantos
seguidores, entre ellos el padre de William James.

James, entonces, viajó por muchos países donde conoció
intelectuales diversos. Participó en una expedición al Amazonas.
Sufría de depresión, pánicos y fobias. Y cuando decidió no

continuar su carrera de artista se volcó hacia las ciencias y la filosofía, y para ello estudió en dos instituciones del más alto nivel: la Lawrence Scientific School y la Escuela de Medicina de Harvard, que vendría a ser su hogar por muchos años, y donde sería profesor de fisiología y psicología (una ciencia que apenas estaba empezando a nacer, y en cuyo nacimiento James sería protagónico). Su libro *Principios de Psicología* (1890) vendría a ser al respecto completamente revolucionario: fue el primer estudio en el que se integraron investigaciones empíricas de fisiología y comportamiento en el estudio de la psicología, que había sido hasta entonces una disciplina altamente especulativa. Detrás de esa intensa actividad que existe hoy para estudiar la mente humana integrando neurofisiología y observación del comportamiento, está el espíritu de William James.

Este libro lo hizo muy famoso en medios académicos, pero esa fama trascendería mucho más con la publicación en 1902 de *Las variedades de la experiencia religiosa*. Este es un impresionante ejercicio que hasta ese entonces jamás se había hecho; siglos y siglos de filosofía habían abordado la religión con enfoques que iban desde la lógica hasta la mística: aquí vino alguien a tratar de documentar sistemáticamente la manera como diferentes seres humanos experimentan la religión y tienen con respecto a ella diferentes tipos de vivencias y manifestaciones. La religión sería un tema central en la obra de James y también en su vida personal: él en particular creía, separándose así de los enfoques anteriores, que lo que hacía o no verdadera una experiencia religiosa era el impacto concreto que ella pudiera tener en el mundo real y en la vida del individuo que la experimenta. Esta tesis, extraordinariamente controversial, contiene el núcleo de su teoría sobre lo que es verdadero y lo que no, teoría que expondría en las ya mencionadas Conferencias Lowell de 1907, las cuales han pasado a la posteridad con el título de *Pragmatismo*.

Estas conferencias, por cierto, inician con una tesis en la que no dejo de pensar desde que la leí por primera vez. Es la tesis según la cual el temperamento personal de quien hace filosofía es determinante en el tipo de filosofía que produce, al punto de que, según James, ese temperamento individual es una especie de premisa del sistema de pensamiento de cada persona, premisa que queda oculta cuando las ideas se escriben o se exponen. Ahí está James el psicólogo, haciéndose sentir y haciéndose molesto en el ámbito soberano de la filosofía, en el que se creía que todo eran ideas y razonamientos.

Estas lecciones de James tienen muchas tesis que yo particularmente no logro aceptar, o más bien con las que lucho, en particular su teoría sobre lo que es verdadero y lo que es falso: para James, la verdad de una creencia o de una teoría está determinada por si tiene o no impacto concreto en el mundo de las cosas. Mi opinión, por más pragmatista que yo pueda llegar a ser, es que en esto James confunde dos cosas: por un lado, es cierto que el impacto concreto de una idea, o el hecho de que ella lo tenga, puede ser indicativo de que ella es verdadera, pero otro asunto es el hecho mismo de que sea verdadera, lo que, para decirlo con los términos más clásicos, es simplemente el hecho de que la idea corresponda con la realidad. Soy consciente, sin embargo, de que aquí James me diría que no existe ninguna manera de concebir esa supuesta correspondencia con la realidad

puramente en abstracto, y con total desapego de las manifestaciones concretas de ese hecho: es decir, me desafiaría a dar cuenta
de cómo funciona y se manifiesta esa supuesta correspondencia
con la realidad, y a dar cuenta de ello sin hacer referencia a las
manifestaciones concretas y prácticas de las ideas. Y tal vez me
pondría en problemas, pues todas mis respuestas apuntarían
a separar, por un lado, el hecho mismo de la correspondencia de la idea con la realidad y, por el otro, las consecuencias
y manifestaciones fácticas y concretas de esa correspondencia,
manteniendo una separación entre ambas cosas. Y paso a paso,
James objetaría mi argumentación señalando que ese supuesto
hecho de la correspondencia entre idea y realidad no puede ni
siquiera ser concebido en abstracto y por separado. Porque nada
puede serlo. Porque nada puede ser concebido con independencia de sus efectos concretos.

Y es allí donde no puedo evitar sentir una profunda fascinación con el pensamiento de James. Más allá de discusiones
medio escolásticas como la que simulábamos hace unos segundos, encuentro fascinante que toda su filosofía es un llamado
a situarnos en el mundo de los hechos, de la acción y, sobre
todo, de lo que viene, del futuro, de lo que está por hacer. "Un
pragmatista —dice James— gira hacia lo concreto y hacia lo
que sirve, hacia los hechos, hacia la acción, hacia el poder"
(poder en su acepción más amplia de capacidad de actuar en el
mundo, no poder en el sentido coloquial). Este es un giro hacia
lo concreto y hacia los hechos que implica reconocer también la
multiplicidad y diversidad, no solo del mundo, sino de nuestras
formas de relacionarnos con él; así, una filosofía llena de criterios

universales y absolutos da paso a una filosofía en la que se reconoce que lo que es adecuado lo es en consideración al contexto y al propósito: "El sentido común es mejor para una esfera de la vida, la ciencia para otra, la crítica filosófica para una tercera, pero si alguna de ellas es la verdadera, solo el cielo lo sabe". El pensamiento lo necesitamos para algo y, como ese algo se va a manifestar de mil formas diferentes y en mil ocasiones distintas, debemos tener la capacidad de desplegar formas de pensar y actuar diferentes. Y la parte más poderosa del mensaje es que todas esas formas conviven y pueden convivir: no hay necesidad de encontrar la verdadera y desechar las demás por falsas, pues cada una de ellas es una herramienta que resulta adecuada según el momento: "Todas nuestras teorías son instrumentos, son modos de adaptación a la realidad". ¿Suena caótico? Tal vez. Pero ¿por qué tendríamos que preferir un orden artificial, si este no proviene más que de un capricho formalista nuestro y, sobre todo, si limita nuestra capacidad de actuar en el mundo? No puedo más que recordar la frase de Wittgenstein, el famoso filósofo austriaco de la primera mitad del siglo xx, según la cual en lugar de tratar de mantener ese orden a la fuerza deberíamos bajar al caos y sentirnos a gusto en él.

4

UN MUNDO DE *TRADE-OFFS*

Pragmatismo es, en primer lugar, buscar equilibrios. Al menos esa es la primera fase de este recorrido que vamos a hacer.

En efecto, el primer paso que daremos en esta exploración, y que es el primero en la formación del enfoque pragmático de las decisiones, de las acciones, de las estrategias, de los arreglos y de las estructuras que podemos constituir, es el reconocimiento de que la clave de los logros efectivos y de los avances está en el ejercicio permanente de hacer *trade-offs* y, mediante ellos, buscar equilibrios. Solo digamos por ahora que por *trade-off* entenderemos el ejercicio de balancear entre diferentes objetivos o valores, renunciando parcial o totalmente a alguno de ellos con el fin de obtener más del otro o de los otros.

Y no podríamos hacer esta exploración sin ponerla en contraste con el enfoque alternativo, el enfoque no pragmático de las cosas: nuestro enfoque será el del equilibrio y su instrumento el intercambio; es decir, nuestra bandera será la de que el logro de objetivos exige renuncias y exige asumir costos; nuestro enfoque será el de que preferimos lo que funciona a lo ideal; y nuestro enfoque será, sobre todo, que en todos los asuntos humanos los grandes resultados, los avances, el orden y el rumbo de las cosas no se construyen mediante la materialización absoluta de un designio superior, ni mediante la satisfacción total de ideales de excelencia y justicia, sino mediante la agregación constante, múltiple, cambiante y funcional de pequeños intercambios y de los equilibrios que se establecen en ellos. Somos nosotros (cada uno de nosotros), en cada una de las pequeñas acciones que realizamos día a día y cada minuto, quienes construimos el gran orden de las cosas. Y, si nos fijamos, descubriremos que la inmensa mayoría de esas acciones son intercambios, son *trade-offs*: intercambios con otras personas o incluso con nosotros mismos; cada vez que tomamos una decisión individual elegimos un curso de acción y renunciamos a otro, y eso implica negociar con nosotros mismos. El enfoque contrario, el que sobre todo desde una perspectiva fuertemente moralista nos empuja a rendir culto a una serie de objetivos supremos y valores absolutos, sin que sea posible ni admisible la renuncia parcial o temporal a ninguno de ellos, lleva a que nuestras estrategias, nuestras decisiones, nuestros propósitos, nuestros planes de vida y las organizaciones que construimos y necesitamos se queden en la excelencia teórica y merezcan la mayor admiración moral pero nunca aterricen en el mundo. No son más que piezas de museo.

El verdadero diseño es la acción

"Cada paso y cada movimiento de la multitud, incluso en aquellas épocas que se denominan iluminadas, se dan con igual grado de ceguera frente al futuro; y las naciones
terminan encontrando (*stumble upon*) ordenamientos que son de hecho el producto de
la acción humana pero no la ejecución de ningún diseño humano".

Adam Ferguson
Ensayo sobre la historia de la sociedad civil
1782

Cada una de estas nociones, *trade-off* y equilibrios, la vamos a explorar en detalle más adelante. Es, en último término,
el ejercicio de elegir, y en esa medida de decidir. Es una noción
que choca fuertemente a quienes ven en ella una renuncia a
ideales, a valores u objetivos por los cuales también vale la
pena luchar. Vale luchar por muchas de esas cosas, pues si
hay algo a lo que ponemos dentro de la categoría de valor o
de objetivo, es porque de alguna manera lo consideramos digno de esfuerzo o aprecio; aquí no haremos más que enfatizar
en algo que es elemental, terrenal y humano, que es darnos
cuenta de que no todos los objetivos valiosos los podremos
alcanzar simultáneamente, y que no vamos a poder evitar que
algunos valores choquen o se muestren incompatibles: al fin
y al cabo nuestra realidad insuperable es la de unos recursos y
unas posibilidades limitadas que nos obligan a elegir y a tomar
decisiones. Y cada una de esas decisiones involucrará alguna
concesión, pequeña o grande, que haremos para obtener algo
que buscamos, queremos o necesitamos. En ocasiones haremos
esa concesión a una o varias contrapartes, pero, como veíamos
antes, muchas veces tendremos que hacerla frente a nosotros

mismos. Y en ese ejercicio de balancear recursos, posibilidades y objetivos haciendo *trade-offs* llegaremos a situaciones que si bien no constituyen un ideal universal e infinito, sí proporcionan soluciones específicas y concretas para lo que queremos, lo que necesitamos y lo que los demás necesitan. Y a esas situaciones a las que buscamos llegar mediante estos ejercicios de intercambio las llamaremos *equilibrios*. Algunos serán pequeños y muy temporales, otros serán de mayor dimensión o mayor durabilidad. Dependerá (como debe ser en una perspectiva pragmática) de lo que necesitemos y de lo que los demás necesiten. Cómo deban ser nuestros *trade-offs* e intercambios es algo que no está escrito en ninguna parte: es algo que descubrimos en la cotidianidad de nuestras acciones. La maravilla a la que no me puedo sustraer es la de pensar que es precisamente así, mediante el descubrimiento cotidiano de cosas que necesitamos o queremos hacer, y a cambio de las cuales estamos dispuestos a dar algo, como se construye el orden de las cosas y el rumbo de nuestra vida. No mediante un gran plan, no mediante una gran teoría de lo que es justo y valioso contenida en volúmenes de cientos de páginas, sino a través de algo tan modesto como nuestras acciones cotidianas.

Este es un enfoque pragmático de las cosas, orientado hacia los logros efectivos y las soluciones reales. Y en este enfoque nuestro ideal de vida personal, de relaciones personales, de relaciones profesionales y de negocios, de sociedad y de organización política no es el de la excelencia absoluta ni el de la perfección total, ni el de la vigencia eterna de alguna teoría de la justicia emanada de un libro: nuestro ideal de vida y de sociedad se ve como una multiplicidad enorme, dinámica y cambiante de equilibrios, nacidos a su vez en miles y millones de pequeños intercambios.

Vamos a explorar entonces estos conceptos, empezando por el de *trade-off*. Para esto, sin embargo, necesitamos hacer antes una pausa y nos encontraremos con alguien que nos va a explicar un concepto necesario para asimilar en su plenitud la idea de *trade-off*. Este concepto de hecho tiene un nombre académico del que yo vine a enterarme tarde en mi vida, pero que hoy considero que es el aprendizaje teórico más valioso que he tenido, aunque fue, como les contaré, muy sencillo. Ese concepto es el de *costo de oportunidad*, y ese amigo del que les contaré se llama Robert Frank.

Claves pragmáticas

---

1. Frente al enfoque en el que se busca la satisfacción de objetivos o principios totales en nuestras decisiones y en la construcción de nuestros ordenamientos, preferimos un enfoque basado en el hallazgo permanente de pequeñas soluciones en ejercicios de *trade-off* e intercambio por una razón, y es que en este último enfoque sí se producen resultados concretos y efectivos.

5

Costos de oportunidad (y un encuentro con Robert Frank)

La noción de *costo de oportunidad*, que es el nombre académico que tiene la idea que vamos a conocer, la encontré por primera vez en un libro de texto de economía por allá cuando apenas empezaba este milenio, y la historia de cómo y por qué la encontré tiene mucho que ver con el momento que vivía mi país.

Todo nació de una angustia personal: por esos días la economía de Colombia estaba pasando por uno de los peores momentos en toda su historia. Una "tormenta perfecta" se formó cuando sobre un ciclo de desaceleración local cayeron los efectos súbitos de dos eventos internacionales: la crisis asiática de 1997 (con la devaluación inmediata y fuerte de varias monedas del sudeste de Asia) y la crisis rusa de 1998, cuando ese país declaró su incapacidad para seguir pagando sus deudas; los efectos de ambas crisis golpearon como una fuerte ola a todas las economías emergentes, y en Colombia pueden haber sido acentuados por la reacción local de las autoridades. Y todo, para empeorar las cosas, en el marco de un acelerado ciclo de violencia y terror local, en el cual no pasaba un día sin que hubiera noticias horrendas de atrocidades guerrilleras o paramilitares, y en el cual cada vez el Estado colombiano daba más la impresión de ser incapaz frente a la magnitud de la amenaza. La crisis fue dramática, y sus efectos se veían en las calles, donde miles de desempleados y personas desplazadas por la violencia hacían evidente su sufrimiento en todas las ciudades. Negocios cerrados, construcciones abandonadas, proyectos clausurados, amigos y conocidos que completaban meses y hasta años buscando empleo. En 1999 Colombia vivió una fuerte recesión y su economía se contrajo un 4.5 %. El desempleo llegó al 20 %. El aumento de los intereses produjo una crisis hipotecaria en la que miles de familias de todos los niveles socioeconómicos perdieron sus viviendas, cosa que se materializaba en decenas de historias de sufrimiento que todos en Colombia experimentamos o conocimos de cerca. Es difícil pensar en una situación peor a la de Colombia a principios del año 2000.

Naturalmente, las discusiones sobre economía y políticas económicas se multiplicaron. Por todas partes había conferencias, escritos, controversias y debates sobre el "modelo económico". Yo recuerdo caminar por las tardes, como solía hacer todos los días a las cinco de la tarde en aquella época, y no poder dejar de pensar todo el tiempo en esas controversias. Yo tenía mis intuiciones sobre lo que se debería hacer, pero sentía que me faltaba más conocimiento formal, y por ello decidí empezar a aprender de economía. Y lo único que se me ocurrió fue ir a una biblioteca universitaria a buscar un texto introductorio. Fui, y el primer libro que encontré disponible en los estantes se llamaba *Microeconomía y conducta* de Robert Frank. Creo que no es el más usual en los estudios universitarios en Colombia, pero fue el que encontré y fue también el que pude leer, ya que su lenguaje era bastante didáctico y prescindía de instrumentos técnicos que yo no dominaba. La lectura de los conceptos que ese libro presentaba en apenas las primeras páginas cambió y sobre todo organizó para siempre mi forma de pensar. Porque toda esa discusión inicial estaba centrada en el concepto de *costo de oportunidad*.

Este concepto aparece muy pronto en la lectura del libro de Frank (está en la página 7 de la edición que tengo hoy en mis manos). La primera sección de este libro se llama "Pensar como economista", y se dedica a explicar los conceptos básicos del análisis económico como la escasez y la toma de decisiones. Tiene una sección que se llama "Errores comunes en la toma de decisiones", y el primero de ellos consiste en ignorar los costos que cada decisión tiene. Allí es cuando introduce el concepto de costo de oportunidad: "Si realizar una actividad x significa no poder realizar la actividad y, entonces el valor que para mí tendría realizar y (si lo hubiera hecho) es el costo de oportunidad de x"; es decir, costo de oportunidad se define como el valor de la mejor alternativa a la que renunciamos cuando tomamos una decisión: si en vez de ir a cine voy a un concierto, el costo de oportunidad de ir al concierto es igual al valor (entendido como beneficio o satisfacción de una necesidad) que para mí habría tenido ir a cine. A continuación dice Frank: "Esta idea sugiere que en general sería útil e instructivo que preguntas tales como '¿debería yo hacer x?' las tradujéramos a preguntas como '¿debería yo hacer x o y?'". Es decir, que nunca ignoremos que elegir un curso de acción significa renunciar a las alternativas. En adelante, Frank sigue desarrollando este concepto junto con otros en varios ejemplos y explicaciones.

¿Existen los almuerzos gratis?

La frase coloquial "no existen los almuerzos gratis" fue popularizada por el economista Milton Friedman (1912-2006) y su significado es precisamente que ninguna decisión o acción carece de costo pues aunque no tenga precio monetario visible (un almuerzo al que nos invitan), siempre hay alternativas que dejamos atrás con cualquier cosa que hagamos.

Alguna vez un periodista invitó a almorzar a Friedman, se apresuró a pagar la cuenta y le dijo: "Acabo de demostrarle que se equivoca y que sí existen los almuerzos gratis". Friedman le replicó: "¿Gratis? Tuve que aguantarlo a usted dos horas".

A veces, cuando recuerdo ese episodio, me asombra pensar que un mundo tan amplio de posibilidades de pensamiento se me hubiera abierto con la lectura de una definición que ocupa menos de un párrafo. Pero así fue, y eso muestra el poder que su significado tiene. Por supuesto que la lectura de las explicaciones posteriores ayudó a hacer más sólida esa comprensión, y a observar cómo ella se aplica en casi cualquier ámbito de análisis. Pero la formulación inicial de Frank, la que está transcrita unas líneas atrás, contiene todo lo que necesitamos para que luego podamos entender nuestra noción de *equilibrios*: primero, toda decisión o acción es apenas una posibilidad dentro de un rango de alternativas; segundo, tomar una decisión implica ante todo dejar ir las demás alternativas o renunciar a ellas (así sea de forma parcial o temporal); y, en últimas, esa renuncia nos permite evaluar el valor de la decisión o del curso de acción que finalmente tomamos. Cuando Robert Frank nos propone formular toda pregunta sobre si debemos hacer tal cosa como una pregunta sobre si debemos hacer tal cosa *o su alternativa*, nos muestra que el elemento central de cualquier decisión es la evaluación de aquello a lo que renunciamos con respecto a aquello que esperamos ganar. Y así es como arribamos a un *equilibrio* y así es como dos personas o empresas que negocian llegan a un equilibrio. O dos partes en conflicto. O miles de personas en una sociedad. O nosotros mismos, en la intimidad de nuestras deliberaciones internas. Robert Frank es hoy profesor emérito en la Universidad de Cornell, y es autor de otros libros extraordinarios como *Success and Luck* (Éxito y suerte), *El economista naturalista* y mi favorito *The Darwin Economy* (*La economía de Darwin*), en el que aplica conceptos de teoría de la evolución a la comprensión de problemas económicos. Es además muy amable y tiene cuenta en X (antes Twitter): @econnaturalist.

Claves pragmáticas
1. Cada cosa que hacemos tiene un costo, que se manifiesta en la mejor alternativa que dejamos atrás al decidir.
2. Ninguna decisión carece de costo.
3. Costo no necesariamente es un precio monetario: es lo que dejamos de hacer por elegir otra opción.
4. Un primer error fatal es creer que pueda haber decisiones sin costo.
5. Un segundo error fatal es ignorar los costos que cada decisión particular tiene.

6

¿ENTONCES QUÉ ES UN *TRADE-OFF*?

En esta parte de nuestra conversación nos encontramos con dos conceptos profundamente relacionados con el de costo de oportunidad. Son dos conceptos que, además, comparten una circunstancia peculiar, y es la de que no tienen traducción al español: *trade-off* y *compromise*.

La famosa *Enciclopedia Británica* define *trade-off* de esta manera: "Situación en la que se debe escoger o balancear entre dos cosas que son opuestas o no se pueden tener al mismo tiempo". Wikipedia, en su versión en inglés, tiene un amplio artículo que empieza así: "Un *trade-off* es una decisión situacional que involucra disminución o pérdida en la cantidad, calidad o propiedad de un conjunto o un diseño a cambio de ganancias en otros aspectos", y a continuación dice (en un apreciable cambio de tono): "En términos simples, un *trade-off* es cuando una cosa aumenta y otra debe decrecer". Sí, más o menos eso es, aunque se echa de menos el enfatizar en que ello es producto de una decisión. Dice la misma enciclopedia unas líneas más abajo: "En economía un *trade-off* se expresa en términos del costo de oportunidad de una decisión particular, el cual es la pérdida de la alternativa más preferida a la que se ha renunciado". Vemos entonces que este concepto, que como decíamos no tiene traducción exacta al español, puede significar dos cosas: una decisión, o el estado de cosas resultante de ella. En el primer sentido, *trade-off* sería la acción mediante la cual decido ceder parte de un cierto objetivo o propósito con el fin de ganar algo más de otro que le es opuesto o incompatible. ¿Suena familiar? Claro que sí: suena muy similar a lo que comentábamos al hablar de equilibrios: hacer un *trade-off* sería la acción mediante la cual busco o establezco ese equilibrio. Y este viene casi a confundirse con el concepto mismo de *trade-off* en su segunda acepción, es decir, aquel estado de cosas resultante de balancear entre dos propósitos, cediendo en uno (así sea parcialmente) para obtener más del otro.

Sobre el concepto de *trade-off* entendido como el estado de cosas resultante de una decisión de balancear, me viene a la mente porque preciso ayer lo estuve comentando con un amigo con quien charlaba sobre el sistema bancario colombiano. Este sistema, al menos desde la crisis de 1999, se caracteriza por tener bancos que en todo son bastante sólidos: no son muchos, están sujetos a fuertes regulaciones y a una estricta vigilancia, y es poco lo que se les permite hacer más allá de ciertas actividades que están enmarcadas dentro de fuertes parámetros: el resultado de esto es un sistema bancario en el que (exagerando un poco) existe mucha solidez (y en ese sentido hay un nivel alto de seguridad), que no es gratuita: su costo, tal vez, ha sido que hay poca competencia y poca innovación, o que esta última ocurre de manera lenta y controlada. Es un país de bancos sólidos y conservadores (porque tienen que serlo). El ejemplo por supuesto es discutible en sus detalles, pero en gracia de discusión usémoslo para ilustrar el concepto: en el sistema bancario colombiano habría, según esta descripción, un *trade-off* entre solidez, por un lado, e innovación y competencia, por el otro. Si queremos un poco más de una, hay que sacrificar un poco de la otra: así, si quisiéramos un poco más de competencia, tal vez tendríamos que relajar un poco algunas reglas y ser un poco más flexibles, lo cual, aun cuando no necesariamente ponga el sistema al borde del abismo, sí puede comprometer en algo el tipo de solidez y seguridad que se pretenden de este.

Hay otro buen ejemplo que seguramente recordarán si les gusta la economía y que, aunque hoy se discute si es verdadero o si se cumple en todos los casos, es muy útil como ilustración de lo que significa un *trade-off*: la llamada curva de Phillips. Hasta los años ochenta se creía, como conclusión de ciertos postulados de la teoría keynesiana, que existía un *trade-off* entre inflación y desempleo, lo cual quiere decir que entre ambos había una relación inversa: si queríamos menor inflación, la tendríamos que pagar con algo de desempleo, y, en el otro sentido, si queríamos bajar el desempleo el precio sería que se acelerara un poco la inflación. Permítanme que mencione este ejemplo porque es una excelente ilustración del concepto, en cuanto claramente supone que hay un precio que pagar por cada objetivo que tengamos en un determinado dilema, y que es imposible lograr a la vez los dos objetivos. "Hay un precio" es la expresión clave, y el precio en un caso es inflación, y en el otro, desempleo. A manera de nota histórica, hoy sabemos que esto tal vez no sea cierto al menos como ley general desde finales de los años setenta, cuando en varias economías avanzadas se presentaron simultáneamente los dos problemas: alta inflación y alto desempleo; esta situación vino a ser conocida como "estanflación". También es importante anotar que hay quienes todavía creen que ese *trade-off* existe, solo que en ciertas circunstancias fácticas sus parámetros se mueven hacia arriba.

Estos dos ejemplos me gustan por su claridad didáctica, pero si hiciéramos el ejercicio de identificar *trade-offs* en nuestra vida cotidiana, o en las circunstancias del entorno que nos rodea, seguramente en pocos minutos tendríamos una larga lista. De hecho, casi todo en nuestra vida es un *trade-off*, y desde niños lo aprendemos. Educarse es un *trade-off* en el que sacrificamos tiempo, libertad y goce del juego a cambio de la posibilidad de una mejor vida futura (es un *trade-off* que no es fácil de apreciar cuando aún somos niños, y por ello a veces además de la persuasión se requiere algo de coerción). La vida laboral y profesional es un *trade-off* muy similar, en el que buscamos cosas como obtener nuestro sustento, mejorar nuestra posición económica alcanzando algunos objetivos materiales, o también buscamos retos y desafíos profesionales, reputación y otros beneficios, y por todo esto pagamos con las horas de esfuerzo que podríamos haber dedicado a estar por ahí en inactividad contemplativa o simplemente realizando alguna actividad placentera. El *trade-off* inverso también es posible aunque es menos frecuente: querer la inactividad contemplativa y placentera, pagando por ella con una situación económica y material más modesta. Aunque siendo justos la alternativa no tiene que ser ocio o goce vistos como si fuera algo frívolo: muchas personas han tomado (¿hemos tomado?) la decisión de buscar un rumbo profesional que implica dejar atrás alternativas más rentables, todo porque dan (¿damos?) importancia a otros objetivos o propósitos. Otros casos: tener familia es el *trade-off* por excelencia de la vida adulta: la enorme cantidad de limitaciones, cargas, costos, esfuerzos, dolores y penurias que requiere el hecho de edificar una familia son el precio que se paga por la satisfacción, la plenitud y la felicidad de hacerlo. A nivel más amplio, el *trade-off* fundamental es la vida en sociedad: de ella obtenemos inmensos beneficios (seguro nuestra propia supervivencia) y por ello pagamos cediendo fuertemente en nuestra libertad mediante la aceptación de algunas reglas. Al igual que en el caso del trabajo individual, este *trade-off* también tiene la versión opuesta: habrá quienes prefieran en uno u otro grado no vivir en sociedad, y en busca de esa mayor libertad están dispuestos a pagar un precio sacrificando parte de la seguridad y de las posibilidades que se obtienen con la vida social. Pero cada situación tiene sus propios parámetros y condiciones (cada equilibrio específico los tiene): es factible imaginar, por ejemplo, el caso de una persona introvertida que es multimillonaria por herencia, de modo que si elige aislarse de la sociedad no tendrá que pagar un precio tan alto en cuanto a sus condiciones económicas; los términos que definen cada *trade-off* para cada caso y para cada *equilibrio* son muy específicos. Observen que el costo de oportunidad, aquella noción de la que hablábamos hace un rato, es el modo en que se expresa el *trade-off* y casi corresponde a su unidad de medida: en el caso que ya mencionamos de la vida en sociedad, por ejemplo, la supervivencia y una mayor seguridad las pagamos aceptando unas reglas, lo cual significa perder algo de libertad, y ese grado de pérdida de libertad (y su goce) es el costo de oportunidad de nuestra decisión de vivir en sociedad. Esas horas que no estuvimos descansando y gozando son el costo de oportunidad de nuestra opción de trabajar. Eso es lo que cuestan.

Y ya que estamos hablando de *trade-offs*, creo que esta es una buena ocasión para detenernos un momento y encontrarnos con alguien llamado Isaiah Berlin.

7

Un encuentro con Isaiah Berlin

De él, por así decirlo, había oído hablar mucho antes de conocerlo, es decir, de encontrarme con sus textos. De hecho había tenido con él encuentros ocasionales, pero sería gracias a un autor llamado John Gray (a quien también invocamos en esta parte de la conversación), que vine seriamente a conocer un poco más tarde.

Isaiah Berlin fue uno de los filósofos más notables del siglo XX, y se le considera uno de los principales filósofos ingleses aunque no nació en Inglaterra. Berlin nació en 1909 en Riga, hoy capital de Letonia, un pequeño país a orillas del mar Báltico que para ese entonces hacía parte del Imperio ruso, el imperio de los zares. Su familia, que era una familia judía empresarial con una buena posición económica, se fue de Riga en 1915 y en 1916 se estableció en Petrogrado (hoy San Petersburgo); como podrán imaginar, tal vez no fue el mejor momento para establecerse en esta ciudad: en 1917 estalló la Revolución bolchevique y Petrogrado fue el centro de los acontecimientos. Berlin tenía tan solo ocho años, pero por su propio testimonio sabemos que fue fuertemente impresionado por estos hechos. Él recordaba, por ejemplo, presenciar desde su propia ventana algunos de los principales acontecimientos de la revolución, como el asalto al grandioso Palacio de Invierno. Recuerda también presenciar hechos de violencia en las calles, como el linchamiento de un agente de policía, que le habían causado un fuerte impacto. En 1921 su familia se trasladó a Inglaterra, que sería su hogar en adelante. En Oxford estudió un programa que combinaba lenguas clásicas, historia, política, filosofía y economía, y desde 1932 empezó a enseñar en esta misma universidad. Y allí mismo murió en 1997 a los ochenta y ocho años de edad.

En la filosofía Berlin es principalmente conocido por un ensayo que se titula "Dos conceptos de libertad", y que fue la lección que pronunció cuando en 1958 asumió una importante posición como profesor de teoría política y social en Oxford (la *Chichele Professorship*). También es conocido por otros textos sobre ética, política y filosofía del lenguaje. Pero es especialmente conocido por sus estudios sobre historia de las ideas: sus libros sobre Tolstói, sobre pensadores de la Ilustración, sobre pensadores románticos, sobre Vico, sobre Herder y, en particular, por su biografía intelectual de Karl Marx.

Con Berlin yo me había cruzado como estudiante de filosofía, principalmente por *Dos conceptos de libertad*, que es un texto mencionado con frecuencia y citado en las clases de filosofía política, y que leí con mucho cuidado para un trabajo que estaba elaborando. Me pareció curioso que todo el mundo decía que era un texto fácil y en cambio, cuando yo lo leí, lo encontré difícil, en el sentido en que los argumentos son muy finos y analíticos y demanda por tanto una lectura muy pausada y atenta. Las definiciones son rigurosas y los pasos lógicos muy detallados y cuidadosos. No es difícil porque use un lenguaje oscuro o confuso, como suele suceder con otros filósofos: por el contrario su lenguaje es claro, pero mi impresión es que en su lectura había que avanzar a un paso muy lento y sin perder nada de vista. Su tesis, solo para mencionarla, es que de la palabra *libertad* hay en el pensamiento occidental dos conceptos, uno al que llama negativo y otro al que llama positivo. Libertad en sentido negativo significa la ausencia de restricciones e interferencias con la voluntad. Cuando en cambio el concepto se usa en sentido positivo significa la posibilidad efectiva de lograr objetivos. Por ejemplo, si digo que soy libre para ejercer mi religión, en sentido negativo ello significa que nadie me lo impide; en sentido positivo significa que existen y tengo los medios y las posibilidades para realizar los actos propios del ejercicio de mi religión. Y la manera como ambos conceptos se usan, y sobre todo, el nivel en el cual se valoran, determinan de manera muy visible las posiciones políticas.

Pero como les contaba, fue gracias a un "amigo común" que nos vinimos a encontrar en serio. Ese amigo común que también nos acompaña es John Gray. Él es un académico inglés nacido en 1948 que, como se dice en esa lengua, afiló sus dientes con una serie de estudios sobre pensadores liberales como John Stuart Mill, F. A. Hayek y el mismo Isaiah Berlin, que son trabajos académicos de gran solidez. Y es autor también de libros sobre problemas contemporáneos como *Falso amanecer*, *Misa negra* y *Los nuevos leviatanes*. Hay algo curioso acerca de John Gray: en esos libros sobre el mundo contemporáneo él es extraordinariamente pesimista e incluso lúgubre, pero en entrevistas es la persona más espontánea, graciosa y alegre que uno pueda imaginarse: en todo sentido un gran conversador (recomiendo en especial su entrevista en el podcast de Tyler Cowen *Conversations with Tyler*, episodio n. 198). Años después de haber leído *Dos conceptos de libertad* estaba yo en una librería y me encontré con un libro nuevo de John Gray titulado *Dos caras del liberalismo*. Y fue a través de ese extraordinario libro que vine a conocer lo mejor de Berlin, su idea más penetrante y, de hecho, la más pertinente para esta conversación.

No me malinterpreten: el libro de Gray tiene mucho valor por sí mismo, y no quiero dar a entender que su único mérito haya sido conducirme a apreciar una idea de Isaiah Berlin. Pero por ahora, enfatizando en que este libro es muy recomendable por sus propias tesis (y que lo recomiendo en particular a quienes estudian los dilemas del pensamiento liberal), permítanme contarles en qué medida el libro me llevó al descubrimiento de lo mejor de Berlin.

La historia es así: leyendo el libro de Gray encontré que él defiende una concepción del liberalismo a la que llama *modus vivendi*, una expresión latina que en una de sus acepciones significa algo así como "una manera de vivir juntos" o "una manera de convivir" (en nuestro hablar coloquial esa expresión se usa para designar la manera como alguien se gana la vida o vive su vida, pero su sentido pertinente para la discusión es el anterior). ¿En qué consiste el liberalismo entendido como un *modus vivendi*? En una sociedad y en una humanidad en la que el hecho fundamental es que hay valores y concepciones de lo bueno que son múltiples, numerosas y hasta cambiantes, lo mejor a lo que podemos aspirar en el diseño de las instituciones políticas es a encontrar un modo en que todas esas concepciones puedan convivir. No a que una prevalezca sobre las otras y, sobre todo, en especial, no a descubrir cuál supuestamente es la verdadera y cuáles son las falsas, o cuál es la buena y cuáles las malas, sino a encontrar el marco para que todas puedan existir y vivir juntas. Para Gray, esto implica rechazar otras concepciones del liberalismo orientadas al hallazgo de lo que es justo, visión esta que Gray identifica principalmente con John Locke, Immanuel Kant y John Rawls. De esto hablaremos más en secciones posteriores, pero por ahora digamos que Gray, para su argumento, se apoya muy fuertemente en dos tesis. La primera, que los choques de valores, propósitos, ideales y concepciones de lo bueno son un elemento central e insuperable de la vida humana; lo son a nivel social, y eso lo hemos visto y lo vemos todos los días; pero lo son también a nivel individual: cada persona ha experimentado dentro de sí misma choques entre diferentes ideas de lo que debería hacer, entre diferentes propósitos, diferentes prioridades y diferentes aspiraciones. Y la segunda idea, que es la de verdad revolucionaria, es que cuando estos choques se presentan no necesariamente una de las alternativas es buena y la otra es mala, una preferible y la otra desestimable, y que por tanto sea necesario encontrar la alternativa buena y desechar la mala. Por el contrario, nuestra realidad, tanto social como individual, es que dentro de nosotros y en nuestra sociedad chocan valores, propósitos y aspiraciones que son todos ellos buenos, valiosos y estimables, pero por muchas razones no son compatibles ni realizables simultáneamente. En esta idea se apoya Gray para sostener que, a diferencia de lo que hay en las ensoñaciones de filósofos como John Locke o John Rawls, en las que se cree haber descubierto el concepto de lo justo y lo bueno (o una manera de hallarlo), el único liberalismo compatible con la realidad de la vida humana es uno que aspire simplemente a ser el hogar donde todas las visiones de lo bueno y lo valioso puedan vivir juntas. Y esta es una idea cuyo origen Gray ve, sobre todo, en Isaiah Berlin. Y donde encontraremos su mejor expresión es en un ensayo titulado "La búsqueda de lo ideal".

Les cuento algo: en general he visto con mucho escepticismo la idea aquella de que un libro (en particular un libro de filosofía) nos pueda cambiar la vida a nivel personal; creo que en eso hay mucha exageración y sobre todo desconocimiento de lo que hay en esos libros, y de cómo funciona la vida. Sin embargo, cuando alguna vez en Twitter (ahora X) el filósofo Nigel Warburton preguntó "¿Qué libro de filosofía les cambió la vida?", yo no dudé en contestar de inmediato "Un ensayo de este libro" y puse una foto de *El tronco torcido de la humanidad* de Isaiah Berlin, una colección de ensayos dentro de la cual está "La búsqueda de lo ideal".

Tal vez hay una razón por la que este ensayo puede tener ese tipo de impacto personal, y es que, además de los temas que trata, él mismo está redactado como una especie de historia íntima, casi como una autobiografía parcial del pensamiento del autor. Lo que Berlin relata ahí, de hecho, es su experiencia y su propia relación con una idea que probablemente todos tenemos en el fondo de nuestras mentes, sea por herencia cultural o por algún tipo de condicionamiento biológico: es la idea de que todas las cosas buenas, todas las cosas dignas de valoración, y todos los propósitos dignos de perseguir pertenecen en último término a una misma idea de bien, de lo bueno y de lo que vale la pena. Una misma idea dentro de la cual no hay conflictos, no hay contradicciones, ni siquiera hay dificultades de aplicación. Una idea sobre la cual se fundamenta todo aquello que valoramos y debemos valorar. Y como consecuencia de esto, dentro de esa visión toda duda, toda pregunta y todo dilema práctico tienen una sola respuesta correcta, y todas las demás son erróneas. Berlin lo llama un "ideal platónico" y le encuentra un paralelismo en el mundo del conocimiento y de la verdad: la idea de que para todas las cuestiones de hecho tiene que existir una sola respuesta admisible, una respuesta hacia la cual existe una ruta clara, y en últimas, que todas esas respuestas deben ser necesariamente compatibles y consistentes entre sí y no puede haber ninguna contradicción. En el ámbito de la vida práctica el ideal platónico se manifiesta de manera análoga: toda posible duda, dilema o pregunta sobre decisiones prácticas tiene una respuesta correcta, y todas las respuestas a todos los dilemas prácticos son compatibles y consistentes entre sí: jamás existe el choque ni la contradicción. Dice Berlin, en su relato personal, que de esta ilusión lo sacó la lectura de Maquiavelo. Un amigo mío, por cierto, se burla de Berlin por haber descubierto en Maquiavelo lo que debería haber descubierto en la vida simplemente viviéndola. Yo no creo que sea tan sencillo: todos vivimos la vida, y todos enfrentamos el tipo de dificultades a las que aquí nos referimos, pero a muchos nos cuesta años o décadas darnos cuenta de cómo nuestras premisas nos engañan, y a veces un autor o una lectura ayudan. A Berlin lo ayudó Maquiavelo, a mí me ayudaron Gray y Berlin.

¿Qué encontró Berlin en Maquiavelo? Muy simple: encontró una persona compleja. O más exactamente, una persona que no escondía su complejidad y sus contradicciones, y por el contrario las mostraba y las hacía explícitas: complejos somos todos (hasta la persona aparentemente más simple), pero no todos logramos hacerlo explícito, entre otras cosas porque nos pasamos la vida tratando de suprimir la complejidad. Y es que, de hecho, como pensador Maquiavelo expone sus contradicciones sin timidez ni miedo y deja ver los choques subyacentes a sus dilemas prácticos. Se ha señalado, por ejemplo, cómo su obra más conocida (*El príncipe*) parece radicalmente diferente no solo en tono sino en valores a otras obras suyas como los *Discursos sobre la primera década de Tito Livio*. Este último texto, que recoge sus reflexiones sobre la crisis de la república romana, es una meditación amplia y sosegada sobre lo que hace que un régimen político sea virtuoso y estable. *El príncipe*, por el contrario, es una reflexión específica y práctica sobre las maneras más eficaces de adquirir y conservar el poder, y está dirigida a quien tenga ese propósito. ¿Hay acaso dos Maquiavelos? No, es uno solo. ¿Se contradice? Probablemente. ¿Esto hace que una de esas dos obras sea la buena y la otra la mala, una la verdadera y la otra la falsa, una la virtuosa y la otra la censurable? No, ambas son geniales y están llenas de ideas valiosas. Pero ¿cómo es posible esto? No hay misterio, es posible porque así somos: porque los humanos somos capaces de vivir y operar de manera simultánea en planos de acción que a veces chocan o que se separan muy radicalmente, y eso no hace que uno de esos planos sea bueno y los demás malos, o uno acertado y los demás erróneos (incluso si parecieran contradecirse): en cada uno de ellos nos movemos para diferentes cosas, en diferentes momentos, y generamos en cada uno ideas distintas. Maquiavelo no temió a su propia complejidad: si hubiera sido así, y si la hubiera tratado de suprimir, no habría producido una obra de tal riqueza.

Volvamos a Berlin y a su encuentro con Maquiavelo. La contradicción que él encuentra en el autor de *El príncipe* es otra. Él encuentra, por un lado, un Maquiavelo que añora la grandeza de las instituciones republicanas de la Roma antigua, y en opinión de Berlin, no solo sueña con su restauración sino que la cree posible. Pero para que ella ocurriera se necesitaría una cierta clase de líderes, "valientes, recursivos, inteligentes, hábiles, capaces de entender cómo aprovechar las oportunidades", dice Berlin; "epítomes de virtudes masculinas y paganas". Pero, dice Berlin unas líneas más adelante, Maquiavelo hace explícito el hecho de que este tipo de perfil choca con las virtudes usualmente consideradas cristianas: "humildad, aceptación del sufrimiento, desprendimiento del mundo, esperanza de salvación en una vida futura" (podríamos añadir la misericordia y la valoración de los débiles y los humildes). Y, de acuerdo con Berlin, Maquiavelo está convencido de que líderes inspirados por virtudes cristianas no serían capaces de lograr esa restauración republicana ni el esplendor de esas instituciones, pues serían fácilmente aplastados por quienes son hábiles y capaces de aprovechar las oportunidades en su búsqueda despiadada del poder. Hasta ahora no tenemos más que una contradicción aparente, diríamos. Lo interesante es lo que, según Berlin, Maquiavelo hace con esta contradicción, y es que no intenta resolverla. Tratar de resolver este tipo de contradicciones morales o prácticas es probablemente nuestro instinto casi natural: asumimos que si hay una contradicción es porque algo está mal, es porque hay error y por tanto tenemos que encontrar el error y eliminarlo. Maquiavelo no. "Él [Maquiavelo] no condena las virtudes cristianas. Simplemente señala que las dos moralidades son incompatibles, y no reconoce un criterio superior que nos permita decidir cuál es la vida correcta para los humanos". Maquiavelo hace explícita la contradicción pero se limita a dejarla planteada, la pone ante nuestros ojos. Tal vez porque intuye que en los dilemas prácticos no hay posibilidad de solución, y que la tarea que nos queda es la de encontrar *equilibrios*: en cada ocasión y en cada lugar elegir una determinada combinación de aquellas cosas que conforman nuestro dilema. Encontrar equilibrios y buscar *trade-offs*.

A partir de este encuentro con Maquiavelo Berlin afirma haber llegado a una conclusión y a un descubrimiento: los choques entre valores y propósitos no son una anomalía ni una patología de nuestra manera de ser. Y además, pensando tal vez en el hecho de que Maquiavelo se limita a dejar el choque planteado sin tratar de solucionarlo, Berlin afirma llegar al descubrimiento de que dichas colisiones no necesariamente tienen solución, entendiendo solución como el hallazgo de cuál es la alternativa buena y cuál es la mala, para proceder a desechar esta última. Por ello este texto me cambió la vida, y en cierto sentido, si me permiten el cliché, fue liberador: encontré que aquello que tantas veces nos ha llenado de angustia es una manifestación normal, no solo de nuestra manera de ser, sino de cómo son las cosas en la realidad del mundo. Nuestro interior dista mucho de ser una esfera armónica de contornos nítidos donde cada elemento está en perfecta coherencia con los demás: más se asemeja nuestro interior a las imágenes telescópicas del Sol, con sus tormentas, explosiones y choques de grandes masas. Nuestro error es querer tomar ese Sol y tratar de moldearlo a imagen de la esfera perfecta, en lugar de aceptar sus movimientos e imperfecciones, y manejarlos mediante ejercicios específicos de decisión: decisión consciente en la que, como decíamos antes, hay costos que asumimos en virtud de la ruta elegida. Llevado un poco por las expresiones de Berlin, a veces al pensar en esta tesis me vienen a la cabeza formulaciones como estas: lo único a lo que podemos aspirar los humanos es a hacer *trade-offs* y a encontrar equilibrios. Pero pensándolo bien voy a cambiar esta manera de formular la tesis, pues ella sugiere una resignación y una modestia que no tienen razón de ser y que claramente transmite una impresión errónea. Voy a afirmar, mejor, que esa realidad de choques, divergencias y contradicciones tal vez sea imposible de *resolver*, pero que tenemos en nuestras manos una manera de manejarla y es la de, en cada caso, tomar decisiones y encontrar equilibrios (y hacerlo sin sentir culpa por la manera en que es nuestra naturaleza). Es la manera pragmática de hacerlo, y en tal sentido, es la manera que nos pone en el camino hacia el avance. Por lo general, y creo que todos hemos experimentado esto a nivel personal, quedarnos analizando indefinidamente un cierto choque de valores o de propósitos, y hacerlo tratando de dilucidar de forma racional cuál es el bueno y cuál es el malo, cuál es el que debo seguir y cuál es el que debo rechazar, y tratar de tomar esta decisión con respecto a algún principio superior, o quedarnos esperando alguna especie de iluminación (racional o no), nos puede dejar en una situación de parálisis. Buscar equilibrios, ponderar costos, y encontrar *trade-offs* entre alternativas nos conduce a la decisión, a la acción y al movimiento. Esto nos ocurre como individuos, pero pasa también en nuestras organizaciones y muy frecuentemente en nuestras sociedades.

Pero esto, tengámoslo claro, no es un llamado a la indiferencia ni a la resignación. Hay una salida, solo que esta involucra entender la naturaleza de la situación tal como la hemos descrito. Esa salida se llama elegir, se llama decidir. Pero este ejercicio, como hemos visto antes, implica aceptar que habrá una pérdida y un costo, y que eso significa que pagaremos por nuestra decisión dejando ir, no algo malo ni indeseable, sino algo que valoramos y que también deseamos, y que lo dejaremos ir en todo o en parte, por siempre o temporalmente. Y al hacer esto estamos haciendo un ejercicio en esencia pragmático.

Siempre hay una pérdida

"¿Es acaso todo 'sí', 'sí', y 'sí' en el universo? ¿No es acaso el 'no' un hecho que está en el núcleo mismo de la vida? ¿No significa acaso aquella seriedad que le atribuimos a la vida que hay 'noes' y pérdidas ineluctables que forman parte de ella, que en alguna parte existen sacrificios genuinos, y que algo permanentemente drástico y amargo se halla en el fondo de su copa?".

William James
Pragmatismo
1907

"Estamos condenados a decidir, y cada decisión puede implicar una pérdida irreparable", dice Berlin. Nuevamente, aunque estoy de acuerdo con el fondo de la tesis, no creo que sea necesario ese tono de resignación ni la idea de que esto es una condena. Solo si nuestro referente fuera una alternativa ideal que no existe, un mundo en el que todo abunda y nunca jamás hay que elegir, tendría sentido referirse a nuestra realidad como una condena. Tal vez en este tipo de lenguaje sobreviven dos nociones que son centrales en la formación del pensamiento occidental: la ya mencionada del Jardín del Edén —un lugar o un estado de cosas donde no hay dolor ni angustia, todo abunda sin fin y nada tiene precio— y la de nuestra caída de ese estado supremo de gracia por cuenta del pecado original, circunstancia tras la cual tuvimos que empezar a vivir en un mundo en donde tenemos hambre y la única manera de saciarlo es pagar un precio, inicialmente denominado, no en dinero, sino en el sudor de nuestra frente. Un mundo donde hay pérdidas, y donde las pérdidas causan dolor. No quiero de ninguna manera desestimar la importancia que el concepto del Jardín del Edén y esta narración han tenido en la formación de nuestra cultura: así, mediante historias y metáforas, es como los humanos hemos tratado de ver o de dar algo de sentido a las realidades fundamentales de nuestra existencia. Metáforas como esta comparación entre un edén de infinita abundancia y un mundo de carencias que solo se suplen con el esfuerzo. Soy consciente de que esto, en varios momentos de nuestra historia, con seguridad nos ha servido para entender el sentido de lo que es nuestro mundo y de lo que podemos ser. Pero creo que estamos ya lo suficientemente maduros para entender la noción sin verla como una condena: podemos sencillamente verla como una realidad, como el marco invariable dentro del que actuamos y dentro del que diseñamos nuestras estrategias, realizamos nuestras acciones y tomamos nuestras decisiones. Nada nos impide ver esta realidad simplemente como la manera en que las cosas son. Y sobre todo porque ello no nos pone en un callejón sin salida: hay salida, y ella está en ver esta realidad de manera pragmática. Y para lograr esto vamos a despedirnos provisionalmente de Isaiah Berlin y nos vamos a encontrar con otro de nuestros amigos del camino, uno que nos enseñará, mediante un caso histórico, la manera en que estos conceptos se aplican a una visión pragmática de nuestras acciones y nuestras decisiones. Es el gran Edmund Burke, y a él le vamos a pedir que nos hable de un concepto que es muy usual en inglés, pero que no tiene una traducción exacta al español: el concepto de *compromise*.

Claves pragmáticas
1. Los choques, contradicciones e incompatibilidades entre valores, propósitos, objetivos e ideales son una realidad central de nuestra vida humana y social.
2. Somos capaces de vivir, pensar y operar en planos de acción que en principio son contradictorios.
3. Estas contradicciones no requieren ni tienen solución.
4. La salida pragmática es elegir, decidir, asumir costos y encontrar equilibrios en cada caso y cada momento.

8

¿QUÉ SIGNIFICA *COMPROMISE*? (Y UN ENCUENTRO CON EDMUND BURKE)

Antes de despedirse, ya Berlin nos había mencionado de pasada el concepto de *compromise* con una frase que está hacia el final de su ensayo: "Pero aquellas colisiones, incluso si no pueden ser evitadas, pueden ser suavizadas. Diferentes pretensiones pueden ser balanceadas, y se pueden lograr *compromises*". Hablemos entonces con Burke, y pidámosle que nos cuente cómo hizo famoso este concepto en un cierto discurso suyo (porque si algo sabía hacer Burke era dar un buen discurso).

Irlandés, nacido en Dublín en 1730, Burke ha sido siempre un poco difícil de categorizar en la historia de las ideas: no es un filósofo tan serio, formal y académico como en su tiempo lo serían Kant o Hume, pero su pensamiento y sus escritos no pueden tampoco ser desestimados como si carecieran de rigor. Quizás Burke tenía un talento filosófico extraordinario y él mismo lo sabía, pero por razones varias, que pueden ir desde cuestiones accidentales hasta una decisión suya, prefirió navegar un poco entre la dimensión intelectual y una vida más práctica. O mejor, integró ambas cosas en un recorrido que dio frutos en ambos aspectos. Y esa afortunada mezcla empezó desde su educación: tras su formación escolar ingresó al Trinity College de Dublín, que era el tipo de institución donde en esa época se impartía una formación puramente académica, y con seguridad dirigida a una vida escolar o religiosa. Pero luego inició en Londres los estudios conducentes a entrar a la *barra*, es decir a la profesión de abogado. Pero fue al parecer durante esos años cuando entendió que sus intereses eran más amplios y que quería cultivarlos, y emprendió una carrera como figura política y como autor de libros que, si bien son de interés amplio y apelan a un público no académico, no carecen de rigor y han pasado a la historia como obras importantes.

En ese último ámbito a Burke lo recordamos como autor de la *Investigación filosófica sobre el origen de nuestras ideas de lo bello y lo sublime*, un libro que en adelante sería central en los estudios de estética. También como autor de *Vindicación de la sociedad natural* (que publicó de manera anónima), una obra sobre política que contiene la tesis de que la vida humana antes del Estado es infinitamente superior, y que el Estado no tiene origen ni en un acto divino ni en un gran acuerdo social, sino que se originó en la violencia de quienes alguna vez fueron suficientemente fuertes para someter a los demás (aunque luego él diría que lo compuso a manera de sátira su lectura sugiere lo contrario). Escribió libros breves sobre la historia inglesa y sobre los asentamientos imperiales británicos. Pero es sobre todo recordado por su monumental

Reflexiones sobre la Revolución francesa, publicado en 1790. Este libro fue tan influyente que definió en adelante la postura y la actitud típicamente británica del conservatismo. Sus libros fueron exitosos y Burke se volvió un autor famoso.

Además de su faceta literaria, Burke también participó en política. En 1765 fue elegido al parlamento inglés, a la Cámara de los Comunes, y allí permaneció durante veintinueve años, convirtiéndose en una de sus figuras más destacadas. ¿Qué lo hizo tan célebre como parlamentario? Principalmente sus discursos. De hecho, tal vez el elemento que le hizo más distinguido fue su capacidad de usar conceptos y reflexiones filosóficas en esas piezas parlamentarias, articulando esas ideas con una visión esencialmente práctica de las cosas y orientada hacia las soluciones. Y dados los tiempos que le tocó vivir, esta característica suya resultaría ser más que pertinente.

En efecto, fue hacia mediados de la década de 1770 que el Imperio británico vendría a enfrentar un gran desafío y un dilema colosal: la creciente inconformidad de sus colonias en América del Norte, y el problema de qué hacer al respecto. Este hecho, naturalmente, llevó a numerosos y encendidos debates parlamentarios, y ellos dieron a Burke la oportunidad para pronunciar varios de sus mejores discursos. En abril de 1774 pronunció un discurso titulado "Sobre la tributación en América", que se refería ya a esos descontentos. Pero la pieza que vendría a considerarse magistral fue su discurso de mayo de 1775, "En apoyo de su propuesta de conciliación con las colonias". El concepto central de ese discurso vendría a ser nada menos que aquel que ahora queremos entender: el de *compromise*.

No resulta difícil sintetizar este discurso de Burke: las colonias americanas son, como diríamos hoy, "un activo" importante, valioso y atractivo. Al mostrarse inconformes, era apenas natural que provocaran en Inglaterra una reacción casi automática, la de suprimir esa inconformidad por la fuerza: no podía tolerarse semejante desafío a su autoridad. Pero Burke pide a los ingleses detenerse y pensar la cuestión de esta manera: ¿qué es más importante, la reafirmación a toda costa de la autoridad imperial o la conservación de estas colonias con los beneficios que ello trae? Y si lo último es lo más importante, ¿no valdría tal vez la pena ceder un poco en las pretensiones de la autoridad imperial con tal de conservar una relación provechosa con esas colonias? Irse por la vía de la reafirmación de la autoridad, al fin y al cabo, conllevaba el riesgo de que todo terminara con una ruptura total.

Inglaterra debatía entonces qué hacer y cómo conciliar la integridad de su autoridad imperial con la preservación fructífera de sus colonias. Por la fuerza no se va a lograr, advierte Burke: "América, caballeros, es un objeto noble, un objeto por el cual vale la pena luchar. Y ciertamente así sería, si luchar contra un pueblo fuera la mejor manera de ganárselo". Con esto Burke hace un llamado a pensar, no en valores supremos, no en conceptos ideales, sino en resultados prácticos y efectivos: en lo que efectivamente queremos, necesitamos y nos conviene. No en virtudes abstractas sino en ganancias concretas. Burke hace allí un llamado al *pragmatismo*, y a abordar el problema de manera pragmática. Un pragmatismo que se expresa en la invitación a considerar qué es lo que queremos (nuestro objetivo), darle prioridad a su consecución efectiva por encima de símbolos y valores abstractos, y pensar cuál es la mejor y más efectiva manera de lograrlo: "Mi opinión está más en favor del manejo prudente que de la fuerza, pues veo la fuerza no como un instrumento claro sino más bien débil para la preservación de un pueblo tan numeroso, tan activo, tan creciente y tan lleno de vigor como este, y para preservarlo en una relación provechosa con nosotros y subordinada a nosotros". Ya había advertido Burke, unas líneas atrás, que en general su temperamento se inclinaba hacia la búsqueda de los resultados concretos y se alejaba del culto a las fórmulas abstractas y verbales: "Además, señor, a decir verdad no tengo una opinión muy exaltada de las virtudes del gobierno de papel, ni de aquel estilo político en el cual el plan está completamente separado de la ejecución". ¿De qué nos sirve, parece preguntar Burke, rendir culto a ideales de papel cuando podríamos enfocarnos en el logro de un objetivo concreto?

Pero el logro de ese objetivo concreto, y esta es tal vez la parte más importante del mensaje, tendrá un costo. Habrá algo que tendremos que pagar por él, y si el objetivo en efecto vale la pena, muy probablemente ese costo sea digno de pagar. El acto de reconocer ese costo y de decidir asumirlo en virtud de un objetivo mucho más valorado es un acto al que llamamos *compromise*. El llamado al pragmatismo de Burke es un llamado al *compromise*. Y lo mejor de este discurso es que Burke, no contento con recomendar este tipo de perspectiva para la solución del problema de las colonias, hace toda una teoría del *compromise*: "Todo gobierno, de hecho todo beneficio y goce humano, toda virtud y todo acto prudente, están fundamentados en el *compromise* y en el intercambio. Balanceamos inconveniencias, damos y tomamos, desistimos de unos derechos para poder disfrutar de otros; y elegimos ser ciudadanos felices en vez de disputantes sutiles".

La expresión *compromise*, que nos ha sido elusiva en el idioma español, tiene en el inglés varios significados, todos ellos relacionados de manera muy íntima. En primer lugar, se refiere al acto que está descrito con claridad en este fragmento de Burke: el acto de renunciar a algo, total o parcialmente, por siempre o de forma temporal, con tal de acceder a algo o gozar de algo que, por cualquiera sean las razones, juzgo digno de obtener. En este punto la expresión parece casi sinónima con otras que hemos venido comentando, como la de *trade-off*: una decisión o un balanceo en el que damos algo o dejamos ir algo para ganar otra cosa (aunque *compromise*, mucho más que *trade-off*, tiene el acento puesto en el hecho de que renunciamos a algo; *trade-off* parece más directamente denotar el ejercicio de decidir y balancear, *compromise* la actitud o el enfoque que lo permiten). Y tiene, claro, un vínculo directo con el concepto con el cual iniciamos esta conversación, el de buscar equilibrios como elemento central del pragmatismo: al hacer estos ejercicios de dar para obtener buscamos establecer uno o múltiples equilibrios, y, como dice Burke, es en esta capacidad de establecer equilibrios que se fundamenta todo beneficio y toda ganancia.

Compromise tiene también otro significado: si antes hablábamos de la acción de renunciar para obtener, en la segunda acepción un *compromise* es el resultado de ese ejercicio. Así, por ejemplo, en la política es usual decir que un cierto acuerdo entre partidos derivó en un *compromise*. Y observemos que, cuando se emplea esa noción en este sentido, casi siempre nos están informando que ese tipo de acuerdo permitió hacer viable algo, o dar rumbo a algún proyecto, a alguna iniciativa legislativa o a alguna reforma. *Compromise*, en ese sentido, aparece de nuevo ligado al arte de hacer posibles las cosas: para hacer posible una iniciativa legislativa, por ejemplo, usualmente se requiere que todos los involucrados en la negociación renuncien a alguno de sus objetivos o a alguna de sus pretensiones, y que perciban que los demás están dispuestos a hacer lo mismo en su propio caso. Por supuesto, el *compromise* no es un mandato ni un dogma, sino una opción pragmática: cada una de las partes interesadas evaluará si el objetivo hace valioso el costo de acuerdo con el momento y con las características específicas que tendrá cada caso. Al ser un recurso esencialmente pragmático, lo serán también los criterios de su decisión y de su evaluación: si vale la pena, si es buena idea, si lo es ahora y en este lugar. No es un imperativo, es una herramienta.

Burke, decíamos, pronuncia estas frases en el contexto de una discusión muy concreta, que es la de qué debía hacer Inglaterra frente a la inconformidad de sus colonias en América. Y lo hace para apoyar una propuesta suya, que es la de que el reino inglés considere ceder en su posición para no poner en riesgo la unión que tiene con esas colonias, unión que desde muchos puntos de vista es provechosa. Pero, tal vez sin habérselo propuesto, Burke hace mucho más que eso y va mucho más lejos: hace toda una teoría del *compromise* y de su conexión con el bienestar humano. De hecho, si lo pensamos, es toda una teoría sobre la naturaleza y el origen del bienestar humano, solo que condensada en apenas unas pocas palabras. De acuerdo con esa teoría, no hay beneficio humano y no hay instancia de bienestar humano que no se origine en el intercambio, y este es un acto que, en todas sus instancias y manifestaciones, requiere de un ejercicio de *compromise*. No hay beneficio ni provecho que no exija a su parte dar algo a cambio. No hay goce posible de ninguna condición deseable o apreciable por la cual no tengamos que renunciar a alguna otra. "Damos y tomamos" es la nota esencial de esa teoría. Ese ejercicio de dar y tomar es directamente perceptible en las relaciones entre dos partes, como en las relaciones mercantiles, pero no se limita a ellas: todo el tiempo damos y tomamos en la relación que tenemos con nosotros mismos. Cada decisión personal, cada curso de acción que elegimos, cada determinación de buscar un objetivo y emplear para ello nuestros recursos, es un ejercicio en el que deliberadamente renunciamos a otras posibilidades de uso de nuestros recursos, de nuestras capacidades y de nuestro tiempo. Damos, en cuanto renunciamos a otras posibilidades. Damos, en cuanto elegimos emplear nuestro esfuerzo, nuestro tiempo y nuestros recursos. Pero también porque sabemos que es la única manera en que vamos a recibir y en que vamos a obtener aquello que hemos considerado prioritario lograr.

Hay un elemento de la expresión de Burke que puede parecer exagerado, y tal vez diríamos que se trata de una simple fórmula retórica, si no fuera porque sabemos del rigor y de la precisión que le caracterizaba. Este elemento está contenido en la expresión *todo*: "Todo gobierno, de hecho todo beneficio y goce humano, toda virtud y todo acto prudente…"; este paso de Burke es bastante atrevido, pues no solo afirma que los beneficios humanos provienen del *compromise*, sino más exactamente que sólo provienen de él, que esa es su única fuente, es decir, que no hay bienestar posible que no provenga del *compromise*. Y es posible que esta tesis, llevada a tales dimensiones, sea efectivamente discutible, aunque no la considero indispensable para nuestro argumento: no necesitamos afirmar que el *compromise* sea la única fuente del bienestar humano, solo que es la principal y sobre todo que es la más práctica. Y claro, que es la más directa y eficaz, y la más conducente a soluciones efectivas.

Burke termina su idea con una frase que es particularmente brillante: "Elegimos ser ciudadanos felices en vez de disputantes sutiles". Ahí tenemos un manifiesto claro de opción por el pragmatismo: resultados por encima de palabras, hechos por encima de argumentaciones y especulaciones; es mejor gozar de los resultados efectivos que obtenemos gracias al intercambio y al *compromise* que detenernos y estancarnos en la consideración teórica de todo lo que pudo ser, y en las interminables discusiones sobre lo que es bueno en sentido supremo y absoluto. Discusiones estas que serían las propias del "disputante sutil", que es allí quien hace ese ejercicio con la mayor pulcritud posible, y que tras seguramente elaborar una refinada teoría sobre la justicia de sus pretensiones se estanca en la posición de que sobre ellas no hay concesión posible. Esa persona se quedará como disputante sutil, y en un concurso imaginario de retórica moral podría ganar todas las medallas. Pero en el mundo real no ganará nada ni logrará nada. Ganaría si prefiriera, como recomienda Burke, ser un ciudadano feliz, es decir gozar de beneficios efectivos. Cuando leo esta frase me parece como si ella fuera una respuesta por anticipado (ciento treinta años de anticipación) al reclamo de William James cuando pedía una filosofía "que no solamente ejercite nuestros poderes de abstracción intelectual sino que establezca alguna conexión efectiva con este mundo real de seres humanos finitos". Elegir ser ciudadanos felices en vez de disputantes sutiles es un llamado, elocuente como pocos, al pragmatismo.

POR CIERTO, ¿POR QUÉ *COMPROMISE* Y *TRADE-OFF* EN INGLÉS?

"Un momento: ¿acaso no hay en nuestra lengua española palabras que podamos usar en lugar de *trade-off* y *compromise*?". Esta es una pregunta muy justa e interesante que naturalmente iba a emerger en esta fase de nuestra conversación. La respuesta es muy breve y simple: no; en español no hay ninguna expresión que signifique exactamente lo que significan *trade-off* y *compromise*. Hay algunas que se les aproximan, pero todas ellas dejan por fuera elementos importantes, conceptos muy centrales que sí vienen comunicados en estas expresiones del idioma inglés.

"Compensación", "intercambio", "canje": estas son sugerencias usuales para traducir la expresión *trade-off*, pero aunque todas tienen alguna cercanía con ella ninguna captura por completo sus rasgos esenciales. Un *trade-off* no es únicamente un intercambio ni un canje, y mucho menos una compensación; algo queda por fuera y ese algo es esencial. En el caso de *compromise*, ni "pacto" ni "arreglo", ni "transacción", ni "transigir", ni mucho menos "compromiso" capturan todo aquello que se comunica con la expresión original en inglés; algunas de ellas, como "transacción", se le aproximan y sí transmiten parte de su significado, pero sigue quedando la impresión de que se dejan por fuera elementos importantes de su sentido. Lo que nos lleva a una pregunta interesante, y es si esto es algo puramente accidental, o si detrás de esta carencia de traducción al español se esconde alguna realidad cultural o histórica importante.

Esta última es la hipótesis del escritor y periodista británico John Carlin, a quien tal vez ustedes recuerden como autor del libro *Playing the Enemy*, libro en el cual se basó la película *Invictus*, y que narra la aventura a la que se lanzó Nelson Mandela para tratar de unir a la nación sudafricana a través de la pasión por el rugby (fue publicado en español como *El factor humano*). Carlin conoce bien la cultura hispánica por varias razones, entre ellas la de ser hijo de una mujer española y haber vivido varios años en Argentina. Pues bien: en una columna en *El País* (18 de enero de 2016), Carlin hizo la misma observación, la de que *compromise* no tiene propiamente una traducción al español, y se preguntó por la razón de esto. Su hipótesis es que la cultura hispánica, forjada por un catolicismo férreo, no admite la flexibilidad y el espíritu práctico que están tan conectados con esta expresión. Por cuenta de ese catolicismo inflexible, afirma Carlin, la cultura hispánica no tolera la idea de ceder: "A lo que voy es que la larga centralidad de la Iglesia católica en la vida intelectual de los españoles ha dejado como secuela hábitos mentales absolutistas hoy que no admiten el concepto de *compromise*"[1].

La hipótesis es muy interesante pero no me parece particularmente convincente. Con todo y lo que ciertas apariencias exteriores puedan sugerir, la mentalidad católica no es en especial inflexible. De hecho, en el plano de la teología, y en el plano de la práctica histórica, podría por el contrario responderse que el catolicismo es en varios sentidos más flexible que algunos de sus homólogos. Por ejemplo, la idea de que la salvación se puede alcanzar por la vía de los actos de la persona, que es un elemento central de la creencia católica, suena más flexible que la creencia protestante (en especial la calvinista) de que la salvación es sólo producto de la gracia divina y que estamos predestinados o no a ella. Y cómo olvidar que la Iglesia católica en el Renacimiento era reconocida por sus transacciones, como la venta de cargos eclesiásticos (la llamada simonía) y en particular la venta de indulgencias, de perdón por los pecados cometidos, llegando en ocasiones a venderse a muy buen precio las llamadas indulgencias plenarias que equivalían a una especie de indulto general.

Pero en la hipótesis de Carlin sí hay algo que podemos rescatar: aunque no admitamos que el origen de esto sea el catolicismo, sí pareciera haber en ciertas culturas algún nivel de resistencia a la idea de que los problemas se resuelven por la vía pragmática del *compromise*, y ello tal vez explica, junto con otros factores, el hecho de que en los idiomas asociados a estas

---

1 "Una palabra elemental que no existe en español", *El País*, 18 de enero de 2016: https://elpais.com/internacional/2016/01/17/actualidad/1453063126_868065.html

culturas no exista esta palabra, o que si ella existe tenga una connotación desfavorable. ¿Cuál es el origen de esta resistencia cultural?

Demos vuelta al asunto y pongamos la pregunta de cabeza: en vez de preguntar por qué el vocablo *compromise* no aparece en el español, y en vez de preguntar por qué algunas culturas parecen renuentes al concepto que él transmite, preguntemos por qué el concepto sí aparece y aparece bien valorado en otros lenguajes y en otras culturas, en particular de origen anglosajón (de nuevo siguiendo la discusión propuesta por John Carlin). Podría conjeturarse que la formación, a lo largo de siglos, de una cultura y de una mentalidad mercantil, muy asociadas con el comercio y con el intercambio como prácticas sociales, hayan poco a poco creado una valoración favorable de la idea de *compromise*. Y fue probablemente en la cultura británica donde se dio ese proceso con más intensidad, aunque no hubiera sido el único lugar. Tanto, que, de cierta manera, se volvió su carácter distintivo: "una nación de comerciantes (*a nation of shopkeepers*)" es el término que se dice usaba Napoléon Bonaparte para referirse a Inglaterra, aunque apariciones anteriores de esa misma expresión ya se conocían: Adam Smith, por ejemplo, usa la expresión en un pasaje de su gran obra *Investigación sobre la naturaleza y causas de la riqueza de las naciones* (1776). Una cultura que ha internalizado profundamente los valores mercantiles, y que ha experimentado con intensidad la manera como el intercambio produce logros concretos y soluciones efectivas, tendría una tendencia mayor a ver el *compromise*, no con ojos de reprobación moral, sino con los ojos de quien busca un instrumento para la resolución efectiva de problemas, para el logro de avances.

¿Qué sabemos de la historia del vocablo y de su uso? En su libro *Compromise: a Political and Philosophical History* (*Compromise: historia filosófica y política*), Alin Fumurescu nos recuerda que el origen de la expresión es latino, y nos cuenta que en la Roma antigua existía la figura del *compromissarius*, una especie de árbitro imparcial a quien se podía someter la resolución de un conflicto mediante el compromiso (promesa mutua) al que llegaban dos partes en una disputa o en una relación contractual. Hasta ahí la expresión tiene un significado relativamente aproximado pero diferente, pues hace referencia necesaria a la presencia de un tercero que arbitra las controversias, y esto no es esencial en el uso contemporáneo de la expresión. En el latín eclesiástico de la Edad Media la expresión conservó ese significado. La cosa, de acuerdo con Fumurescu, se pone interesante hacia el siglo XVII: para ese entonces ya es posible notar cómo la connotación del término va cambiando, y empieza a adquirir en inglés una connotación favorable mientras que en francés, donde también existe, se usaba con un tono de reprobación. Y es también la época en la cual las realidades sociales y culturales de la Gran Bretaña y de la Europa continental empiezan a tomar rutas divergentes, con un mundo británico cada vez más volcado al intercambio y al comercio, y cada vez más influido por ideas calvinistas que ponían especial énfasis en nociones como el pacto, la alianza y la congregación. Es, también, el siglo en el que Inglaterra experimenta una serie de convulsiones políticas que le llevan a ser la primera gran monarquía constitucional de

Europa, con un parlamento dotado de autoridad efectiva y con la proclamación de un catálogo de derechos (el *Bill of Rights* de 1689): de hecho, el proceso de las revoluciones y guerras civiles inglesas del siglo XVII terminó en una especie de *compromise* en el que se mantuvo la monarquía pero se dio más poder al parlamento y se limitó el alcance del poder real mediante el reconocimiento de derechos. En Francia, mientras tanto, se fortalecía la monarquía absoluta, y se daba marcha atrás en los pocos avances hacia la tolerancia religiosa que se habían logrado (el Edicto de Nantes de 1598 que garantizaba tolerancia a los protestantes fue revocado por el "Rey Sol" Luis XIV en 1685).

"París bien vale una misa"

El Edicto de Nantes (1598) estableció la tolerancia religiosa en Francia y puso fin a terribles años de guerras y matanzas religiosas. Enrique IV, el primer rey Borbón de Francia, era calvinista y cuando iba a asumir el trono se le advirtió que era inconcebible que alguien no católico fuera rey de Francia. Su frase: "París bien vale una misa", con la cual señaló su disposición a convertirse con tal de asumir la corona, es tal vez una de las anécdotas históricas más ilustrativas de una actitud pragmática y dada al *compromise*.

Es posible, entonces, que esta carencia que tenemos en el español tenga una raíz histórica y cultural, pues mientras otras naciones, especialmente en las islas británicas y luego en América del Norte, se metían de lleno en una mentalidad mercantil donde el intercambio era bien visto, esta mentalidad habría encontrado en la cultura hispánica una fuerte resistencia y hasta rechazo que solo quedaron atrás con la rápida inserción de España en la economía europea y mundial, un fenómeno de las últimas cuatro décadas.

Para finalizar, me pregunto a veces si a esto no ayudará el hecho de que el español sea un idioma gobernado y legislado por una Real Academia, que dicta y decide cuáles expresiones son propiamente españolas y cuáles son admisibles. Pero como las lenguas no funcionan así, y los vocablos y sus conceptos se van incorporando mediante la práctica de quienes hablan la lengua, las disposiciones de la Real Academia van a veces quedando como dictámenes anacrónicos.

Claves pragmáticas
1. El concepto de *compromise* invoca una preferencia por los hechos y por los resultados concretos.
2. Los resultados concretos tienen un costo, decidir asumir ese costo para lograrlos es un *compromise*.
3. Los resultados concretos son preferibles al ideal excelente que nunca fue ni será.
4. El *compromise* es el arte de hacer posibles las cosas.

9

INTERCAMBIO Y DECISIONES
EN LA PRÁCTICA

Al pensar en intercambios el caso que más nos viene a la mente es el de las relaciones bilaterales, en particular las relaciones comerciales, y aunque ellas son un buen ejemplo no son el único. Lo son en cuanto a que en una transacción mercantil es patente, de la manera más transparente posible, el ejercicio de renunciar a algo para obtener algo. Es lo que hacemos cuando en el supermercado pagamos con nuestro dinero por los alimentos que necesitamos o deseamos: al pagar con ese dinero estamos en efecto renunciando a todas aquellas otras cosas que habríamos podido comprar o hacer con él (y seguramente son muchas, incluso si el dinero es poco): pero lo hacemos porque queremos y necesitamos esos alimentos, y preferimos tenerlos en nuestras manos para satisfacer nuestra necesidad o nuestro apetito, en lugar de quedarnos contemplando todo aquello que podríamos haber conseguido con ese dinero, o incluso la satisfacción misma de tenerlo. Renunciamos a algo, de hecho a mucho, porque preferimos efectuar un avance concreto, alcanzar un logro efectivo, en este caso acceder a esos alimentos. Es así también en las relaciones bilaterales de carácter profesional o de negocios: cada vez que, por ejemplo, en mi rol de consultor profesional celebro un contrato con un cliente, o me comprometo a prestarle un servicio a alguien, estoy conscientemente dejando atrás todas aquellas posibilidades abstractas e ideales de uso del tiempo y de aquellos recursos que voy a emplear en mi relación con ese cliente, y ese cliente renuncia a todas aquellas cosas que podría haber adquirido con el dinero que me va a pagar, incluidas las inversiones que podría haber hecho y los rendimientos que podría haber conseguido. Y yo lo hago porque prefiero ese pago concreto a la contemplación ideal de todo aquello que podría haber hecho con mi tiempo y con mi capacidad; seguramente, si me pongo a pensar, son muchas las alternativas que se me ocurren: podría irme de vacaciones, podría leer un buen libro, podría caminar por la ciudad, podría escribir un libro (uh uh) y mejor aún, podría emplear ese tiempo en conseguir contratos con otros clientes que me parecen más apetecibles. Esto y mucho más podría hacer pero todo eso es hipotético: todo eso se me presenta en una especie de amplio rango de posibilidades para el uso de mi tiempo y mis recursos, y dentro de ese rango está la posibilidad de entablar aquella relación de negocio. En el ejercicio de *decisión* al que me enfrento usaré varios criterios —que en cada persona y en cada situación serán diferentes— para decidir qué uso daré al tiempo y a mis recursos, cosa que significa renunciar a todas las demás posibilidades. Pero lo haré porque al hacerlo espero obtener un beneficio concreto que, por la razón que sea, resulta más deseable que cada una de aquellas alternativas. Y más aún, resulta más apetecible que el ideal abstracto de satisfacción plena de todas las demás posibilidades, cosa que, aunque por razones físicas y hasta lógicas es imposible, a veces nos empeñamos en buscar. ¿Y cómo y por qué determino que ese objetivo es más apetecible que todos los demás? Las razones van a variar en cada caso, en cada circunstancia, en cada persona, e incluso en diferentes momentos y circunstancias de la misma persona. Y no son realmente de carácter objetivo, pues en buena medida implican valoraciones individuales. Ni hay razones que sean correctas o equivocadas *a priori*, es decir, de manera previa e independiente de los resultados efectivos (que son el juez máximo de toda decisión). Tampoco son necesariamente conmensurables; es decir, el conjunto de criterios que una persona usa para su ejercicio de valoración no es por fuerza comparable con el que usa otra persona, ya que en cada caso hay objetivos, situaciones, necesidades y valores diferentes: no todos tenemos por qué desear o valorar o necesitar lo mismo. Lo que sí puede llegar a ser conmensurable, es decir comparable, son los resultados efectivos de lo que hacemos (los indicadores financieros de una empresa pueden compararse con los de otras similares); y aun así es perfectamente posible que la valoración de esos resultados objetivos sea diferente y subjetiva: así, una empresa puede tener resultados financieros inferiores a las de otras, pero sus accionistas pueden estar satisfechos con esos resultados menores porque ellos se explican, por ejemplo, porque prefieren pagar mejores salarios o invertir en alta tecnología (ahí otro de muchos equilibrios).

Claves pragmáticas

1. En cada ejercicio de *trade-off* los criterios serán diferentes y dependerán de la persona, de sus propósitos, del momento y de las circunstancias.

2. Esos criterios son en todos los casos subjetivos y no son conmensurables, es decir, no son comparables los de un caso o una persona con los de otro caso y otra persona.

3. Lo que sí es objetivo y conmensurable (al menos en la mayoría de los casos) son los resultados de nuestros procesos de decisión.

10

EN BUSCA DE EQUILIBRIOS

Habiendo ya recorrido este tema, y habiéndonos familiarizado con conceptos como los de costo de oportunidad, *trade-off* y *compromise*, tenemos todo lo que necesitamos para entender nuestra idea de equilibrios. Con ella designamos un mundo en el cual las soluciones a los problemas no vienen dadas por doctrinas grandiosas ni por concepciones ideales de lo justo y lo bueno, sino por el establecimiento continuo, múltiple, dinámico y permanente de equilibrios, es decir, situaciones en las cuales, sea nosotros íntimamente en nuestras decisiones, o sea en nuestras relaciones con otras personas, o como sociedad, desbloqueamos la solución a un problema o abrimos la puerta a la satisfacción de una necesidad mediante la toma de decisiones. Decisiones que, como hemos oído ya tantas veces, implican renuncias que se convierten en el costo de esas decisiones. En el fondo, es la idea de que el bien en el mundo real no se manifiesta como la realización de ideales de justicia, ni como la satisfacción plena de paradigmas morales, sino que se manifiesta en millones de pequeñas o grandes instancias en las cuales balanceamos cosas para lograr soluciones. Incluso en la esfera individual, el bien no se manifiesta por nuestra conformidad o adherencia con un ideal y la supresión forzosa de todo aquello que no se conforme con él, sino con el ejercicio continuo de balancear y encontrar equilibrios entre las situaciones que se nos presentan, entre nuestras diferentes expectativas y entre nuestros valores.

Es importante advertir que con esto no estamos desestimando por completo los valores y los conceptos fundamentales de justicia, sobre todo aquellos ligados más estrechamente con la dignidad humana; como veremos en un lugar posterior de este recorrido, dentro de esta visión pragmática esos ideales tienen un papel, que es el de constituir un marco sólido e inviolable, que de ninguna manera podemos permitir se exceda o se rompa. Un marco que está formado por los conceptos más propios y esenciales de la dignidad humana: las cosas que bajo ninguna circunstancia son negociables ni se pueden relativizar. Dentro de este marco, sin embargo, el espacio es amplio y abierto para que las soluciones se busquen y se encuentren en el ejercicio constante de encontrar equilibrios. Y aun cuando es importante que el marco sea sólido, y que sus paredes sean firmes y resistentes, tenemos que cuidar de no hacerlo muy estrecho, pues el espacio que hay dentro del marco es en el que podemos movernos para encontrar soluciones pragmáticas. Si por vía de interpretación o de conexión conceptual empezamos a engrosar los bordes del marco y a ir cerrando su espacio interior, nos iremos quedando sin espacio para encontrar soluciones, y nos habremos convertido en filósofos muy profundos pero incapaces de avanzar. Ahora bien: todo aquello que sucede en el amplio espacio que hay dentro del marco tiene una característica asombrosa, y es que produce resultados importantes, y que se agregan en una condición amplia y general de bienestar, sin que detrás de este proceso haya una mente maestra o un plan detallado. Los miles y millones de actos individuales y sociales de intercambio van creando un tejido, una especie de tapiz amplio y colorido que no fue diseñado por nadie.

Hay quienes, al escuchar este planteamiento en su totalidad, se llevan la impresión engañosa de que el equilibrio es un concepto derrotista, caracterizado por aspiraciones modestas y por una cierta visión pesimista de las cosas, visión según la cual tenemos que contentarnos con poco y agradecer por lo que alcanzamos así sea mínimo. Una visión de resignación, una confesión de incapacidad y de debilidad, una renuncia al heroísmo del ideal (sobre todo cuando, como hemos ya discutido, ven formulaciones como aquellas de Isaiah Berlin que sí sugieren esta sensación). Todo lo contrario. Veamos por qué.

Admitamos, en primer lugar, que esta impresión no es necesariamente caprichosa y que hay razones por las cuales ella se forma; es decir, la idea de equilibrios, tal como la hemos formulado, puede sugerir la idea de que al tomar una decisión renunciamos a mucho a cambio de poco, de que dejamos atrás todo un amplio mundo de posibilidades por conformarnos con unas pocas monedas y en adelante agradecer al cielo por haberlas obtenido. Nada que ver: en ninguna parte dice ni está establecido que el avance o la recompensa que buscamos en los ejercicios de equilibrio tenga que ser modesta, que tenga que ser poca y que tenga que ser una sola. De hecho, prácticamente nunca es así. Incluso en un ejemplo tan básico como el de la compra de alimentos en un supermercado, la recompensa que obtengo al sacrificar toda posibilidad alternativa de uso de mi dinero es múltiple: no es solo no morir de hambre (aunque eso, si esas son las circunstancias que se dieran, es un objetivo importante); es también nutrición, salud, la nutrición y la salud de mi familia, y en muchos casos el goce de ocasiones familiares y grupales asociadas con la comida. En el otro ejemplo, el del ejercicio profesional de la consultoría, al decidir renunciar a todo uso distinto de mi tiempo y mis recursos espero no solamente obtener el pago monetario por mis servicios: también voy a obtener experiencias valiosas, voy a aprender en el proceso de preparar mis documentos y mis presentaciones, voy a ejercitarme y a desarrollar habilidades en la medida en que enfrento dificultades u obstáculos, voy a conocer personas interesantes, voy a ganar un conocimiento mayor del sector y del mercado, probablemente van a recomendar mis servicios a otras empresas que puedan necesitar algo similar, y tal vez incluso voy a conocer lugares nuevos. Al finalizar mi contrato, habré ganado mucho más que un pago monetario. O pensemos en proyectos como el de escribir este libro: mientras estoy aquí sentado escribiendo estas palabras podría ponerme a pensar en las miles de posibilidades alternativas para el uso de mi tiempo y de mis recursos, y seguro que hay algunas que están relativamente al alcance de la mano y que son atractivas. Decido hacer esto en vez de lo otro porque al hacerlo voy a decir algo que quiero decir, voy a compartir ideas, voy a ejercitarme en la superación de dificultades, voy a desarrollar habilidades nuevas y voy a explorar un nuevo terreno de posibilidades, y eso es lo que quiero en este momento de mi vida: no es una situación ideal ni utópica, es un *equilibrio*. Y el concepto nuclear del enfoque pragmático de las cosas es nuestra capacidad, no necesariamente de encontrar buenos equilibrios (a veces nos sale bien, a veces no tanto), sino de entender que es mediante ellos que avanzamos, que alcanzamos logros, que hacemos cosas, que tenemos avances concretos. Pragmatismo, al fin y al cabo, viene de la expresión griega *pragma*, que significa una cosa que ha sido hecha, una cosa concreta. El pragmatismo de las acciones y las decisiones, y el equilibrio como su concepto y herramienta principal, es el enfoque centrado en lo concreto, en hacer.

Además, a esa objeción de acuerdo con la cual enfocarse en equilibrios es una visión modesta y poco ambiciosa de las cosas podríamos responder con un argumento adicional: ¿quién resulta siendo al final más modesto y de pocos alcances, quien se enfoca en un objetivo concreto y lo logra, o quien se mantiene en el mundo de los grandes ideales pero nunca logra nada? Un logro concreto, incluso si en apariencia es pequeño, es mucho más poderoso que un millón de ideales abstractos o nominales. Y podemos añadir que en muchos casos los logros concretos tienen rendimientos compuestos, es decir, sus beneficios terminan siendo mucho más que una simple suma. Es más corto de objetivos quien se mantiene en el mundo de los grandes conceptos abstractos y elude las renuncias que llevarían a logros en apariencia más modestos pero efectivos. Frente a lo concreto, frente a lo que existe, frente a lo que en efecto se ha logrado, y frente a la distancia que se ha cubierto, no hay nada más modesto y pequeño que un concepto pomposo o un gran ideal nunca realizado. Y si en algún momento nos parece absurdo creer que habrá quienes renuncien a lo concreto por quedarse en lo ideal, veremos más adelante que esto es de hecho la regla en el mundo de las decisiones sociales y políticas, y en los ideales que las inspiran. En ocasiones parecería como si en muchas sociedades, particularmente en las occidentales, el apego a ideales fuera el principal obstáculo para la solución concreta de problemas.

Esta y otras formas de resistencia a la idea de equilibrios, y del equilibrio como clave de las soluciones, es extraña si se considera que todo está dado para que esa noción sea intuitiva para nosotros. Esto porque de cierta manera es lo primero que experimentamos al llegar a este mundo. Incluso desde antes de que podamos generar ideas y organizarlas sistemáticamente, todos los seres humanos nos damos cuenta de que no podemos tener al tiempo todo lo que queremos. Nos damos cuenta, y muy rápido, de que eso nos hace sufrir. Pero también tenemos pronto la ocasión de darnos cuenta de que el hacer renuncias estratégicas es la clave para alcanzar objetivos. Pero bueno, somos humanos y esas cosas nos pasan. De hecho, en mi caso, la plena apreciación de estos conceptos, más allá del uso práctico e inadvertido que les pudiera haber dado en mi vida cotidiana, solo me llegó gracias a los interlocutores con quienes nos hemos cruzado en este camino, y a aquellos con los que aún nos falta cruzarnos.

Sigamos entonces conversando mientras caminamos.

Claves pragmáticas
1. Enfocarse en encontrar equilibrios desbloquea los problemas.
2. La idea de equilibrios puede sonar modesta pero no lo es. Al fin y al cabo, ¿acaso hay algo más grande que un logro concreto y efectivo?
3. El bienestar, tanto a nivel social como individual, no es otra cosa que la agregación de numerosos equilibrios.

11

Invitación a negociar y a volvernos negociadores: un breve encuentro con Ronald Coase

La vía hacia el equilibrio y la formación de equilibrios se llama negociación. Es una pena, entonces, que esta sea una de las nociones más incomprendidas y distorsionadas en nuestra cultura.

Es incomprendida y distorsionada porque la vemos como una habilidad muy especial que solo tiene gente astuta y sagaz. También porque creemos que se limita al ámbito de lo mercantil, de aquello que llamamos "negocios", y que por tanto no interesa ni debería interesar a nadie más. Y peor aún, nuestra representación usual de un buen negociador es la de una especie de tiburón, un individuo artificioso cuyo objetivo es sacar la mayor ventaja posible a costa de su contraparte. Nada de esto: negociar nos concierne a todos, y lejos de ser una habilidad especial y exclusiva debería ser una especie de filosofía de vida.

Pero antes de explicar este punto permítanme presentarles a Ronald Coase.

En 1991 se le otorgó el Nobel de Economía a este hombre, nacido en Londres en 1910. Coase era un poco atípico si se le comparaba con otros receptores de ese premio, pues no solo era un hombre tímido y de apariencia discreta, sino que su producción profesional era relativamente pequeña. Había publicado un número más bien bajo de artículos académicos, ningún libro, y su aproximación a los problemas evitaba la modelación matemática que era dogma en aquella época. En aquella producción escasa estaban sin embargo dos textos que cayeron en la disciplina como verdaderas bombas. El primero llamado "La naturaleza de la firma", que exploraba la pregunta del por qué existen empresas y corporaciones y qué es lo que lleva a que la actividad económica se organice en ese tipo de unidades. El otro gran texto suyo es un artículo titulado "El problema del costo social": la tesis que contiene este texto me impactó de manera muy fuerte cuando la conocí por primera vez, y más allá de su significado y sus implicaciones técnicas directas, quedó en mi mente casi como símbolo de una manera de enfocar los problemas en general. Es decir, no la valoraremos necesariamente por su sentido estricto y por su aplicación directa, sino por el concepto que ella transmite, que es el de la negociación como la vía por excelencia para desenredar los problemas que se presentan en la vida social.

El texto de Coase se refiere a un fenómeno que en la Economía se conoce como "externalidades", y cuya interpretación y tratamiento había sido objeto de muchos debates y exploraciones. En breve, las externalidades son el hecho que se presenta cuando una cierta actividad produce perjuicios o beneficios a personas no directamente involucradas en ella. Ejemplos típicos son la polución que causa una fábrica, o la mayor seguridad de que empieza a disfrutar una calle cuando uno de los vecinos instala un farol de luz. En el primer caso, el de la polución, muchas personas sufren un perjuicio, es decir, pagan un costo, sin que participen del beneficio de la actividad. En el segundo caso, mayor iluminación hará más segura a toda la calle y por ello otros vecinos que no pagan por ella disfrutarán no obstante ese beneficio. Al primer tipo de casos en la Economía se le llama externalidades negativas y al segundo positivas. Estas situaciones habían sido vistas como casos en los cuales las relaciones de mercado no funcionan correctamente, y por ello se proponían intervenciones no mercantiles para tratar de matizarlas o resolverlas: por ejemplo, gravar con un impuesto a la fábrica que emite la polución. Pero en su texto Ronald Coase mostró que estas situaciones no son irremediablemente ajenas a las relaciones de mercado, y que el problema en los casos citados con más frecuencia era la existencia de dos obstáculos: primero, que los derechos de las partes no están bien definidos (en particular sus derechos de propiedad sobre las cosas involucradas), y en segundo lugar que los costos de que las partes llegasen eventualmente a un arreglo directo eran demasiado altos, y cuando en Economía se dice que algo tiene altos costos no siempre se habla de costos en dinero sino de todo tipo de cargas y dificultades. En la medida, entonces, en que para las partes fuera materialmente difícil (costoso) llegar a un acuerdo, la situación no se podía resolver por la vía del entendimiento directo. La consecuencia obvia de esto es que si los derechos de las partes se definen bien, y si se remueven en la mayor medida posible los obstáculos que hacen difícil un acuerdo (los llamados costos de transacción), dicha vía será la mejor manera para la solución del problema mediante la negociación directa.

Más allá de su ámbito propio de aplicación, y más allá de su pertinencia directa, yo encontré en este resultado de Coase un mensaje profundo y valioso, que es el de que la negociación y el arreglo entre partes es por excelencia la mejor manera de resolver todo tipo de situaciones. No ignoro que en esto hago una interpretación tal vez muy extensiva de lo que Coase quiso decir y que dicha interpretación va mucho más allá de la aplicación original de la tesis. Pero al respecto solo puedo decir una cosa: desde que conocí la tesis de Coase, cada vez que veo conflictos o dificultades sociales, en particular aquellos que parecen irresolubles, mi instinto me indica que habría que buscar los obstáculos que están impidiendo que las partes lleguen a algún tipo de arreglo (los costos de transacción). Un arreglo que implicará, en armonía con todo lo que hemos venido diciendo, que cada parte asumirá alguna renuncia, una "pérdida irreparable", diría Berlin: pero la resolución del problema probablemente lo valdría. Aquí hay un fuerte mensaje pragmático: en principio, si en lo que pensamos es en derechos y en ideales, esta no es la manera de resolver el conflicto: habría que encontrar quién está en lo correcto y quién no, adjudicar la disputa, señalar al bueno y señalar al malo. Y esto puede ocurrir en dos teatros: el teatro legal y el teatro moral. En el teatro moral nos quedaremos con el señalamiento, y seguramente quienes lo hagan quedarán con la sensación de haber tomado la posición correcta, o, como les gusta a tantos proclamar de forma pomposa, la de estar en el lado correcto de la historia. Pero el problema no se resolvería. ¿Y por la vía legal podría solucionarse? Tal vez, pero solo en los casos más sencillos, donde las partes estén muy precisamente identificadas, las normas sean claras y no exista ambigüedad alguna sobre quién tiene derecho a hacer qué y quién no. Es decir, en ninguno de aquellos casos que se presentan en la realidad y que motivaron la idea de Coase. Y es un error, además, creer que la adjudicación legal de la justicia es una especie de solución nítida: en la realidad ella involucra tiempo, esfuerzos, costos directos, preocupaciones y enfrentamientos.

Moralistas y legalistas venden la ilusión de que la aplicación de ideales de justicia y la adjudicación legal de los problemas carece de costos y no implica renuncias: al fin y al cabo lo que busco en ella es la satisfacción plena de mi derecho y de mi pretensión. Pero cualquiera que haya estado involucrado en cualquier pleito legal en cualquier país sabe que esto es falso, y que dirimir judicialmente disputas implica numerosos sacrificios y renuncias, solo que no son explícitos.

En el fondo, el impacto perdurable que en mi manera de pensar ha tenido esta idea de Coase (por lo general conocida como "teorema de Coase") tiene que ver con que siento que ella transmite, aunque sea de forma indirecta, la idea de que la negociación más que una habilidad especial debe ser una filosofía de vida.

¿Por qué una filosofía de vida? Porque nuestra realidad es la de que no siempre nuestras pretensiones van a ser armónicas con las de los demás. No siempre nuestras opiniones y nuestros juicios van a estar en consonancia con los de otras personas. Y ni siquiera todas nuestras opiniones y pretensiones están en armonía entre sí. Negociar, encontrar puntos de encuentro en cada caso y en cada circunstancia, es por excelencia la salida pragmática. Y es algo que haremos no solo en nuestra relación con otras personas, sino en nuestra propia relación con nosotros mismos: en muchas ocasiones sentiremos como si dentro de cada uno de nosotros hubiera otra u otras personas con las que tenemos que buscar puntos de encuentro. Y en ello no hay ninguna patología ni nada anormal, es la realidad de nuestra vida interior.

Un paso fundamental es el de desprendernos de esas representaciones culturales de lo que es negociar y de lo que es un negociador. Si en verdad negociar fuera una habilidad reservada para personas excepcionalmente sagaces y ventajosas, ¿cómo explicar que un hombre de apariencia sencilla y maneras afables como H. Rodgin Cohen haya sido considerado el mejor negociador de Wall Street? Cohen es un abogado famoso por su capacidad de negociar problemas que parecían irresolubles, y es especialmente conocido por haber arreglado, en pocas horas, la venta de Bear Sterns a J. P. Morgan en la antesala de la gran crisis financiera de 2008, cosa que evitó que ella se precipitara de forma anticipada. De nuevo, en contra del estereotipo de negociar como sacar ventaja con habilidad, Cohen afirma que la lección más importante que aprendió como negociador la recibió siendo niño, de boca de un hombre de negocios que vivía en su barrio y que era ampliamente admirado como gran negociador. Cohen cuenta que alguna vez le preguntó a ese hombre cuál era el secreto de su éxito como negociador y él le respondió que se lo iba a revelar: "la mayoría de personas creen que negociar es pensar en qué quiero y cómo lo voy a obtener; yo, cuando voy a negociar, trato de pensar en qué quiere la otra persona y cómo voy a lograr que lo consiga".

¿Se requieren habilidades? Sí, pero no las que usualmente se asocian con la idea de negociar. La habilidad central es escuchar: escuchar y entender a la otra parte, o en el caso de la negociación con nosotros mismos a esa otra parte que hay dentro de mí. Escuchar, tratar de entender de dónde vienen sus pretensiones y sus temores; tratar de entender en qué contexto se formaron sus actitudes; tratar de entender qué le haría acercarse y qué le haría retroceder. Otra habilidad, naturalmente, es estar dispuestos a hacer renuncias. Y en muchas ocasiones, en especial en casos de conflictos muy agudos, es fundamental la disposición a ofrecer a la contraparte una salida honrosa, pues como dice el gran negociador Giandomenico Picco, los conflictos suelen perpetuarse porque la humillación de la derrota causa una ansia desmesurada de retribución. Picco, por cierto, es un diplomático italiano que también dista mucho de la caricatura del tiburón astuto con la que solemos identificar a un buen negociador. Baste contar que en los años ochenta y noventa Picco negoció la liberación de once rehenes occidentales secuestrados por milicias islámicas radicales en la guerra civil del Líbano; a finales de los ochenta fue clave en las negociaciones para concluir la guerra entre Irán e Irak que completaba ocho años; y a finales de los noventa negoció y obtuvo la liberación de trece personas judías que estaban prisioneras en Irán acusadas de espionaje. Por todo esto mereció el apelativo de "soldado sin armas de la diplomacia".

Las lecciones de Giandomenico Picco

Las lecciones aprendidas a través de una vida de negociar, y de negociar con las contrapartes más difíciles y en los entornos de mayor riesgo, fueron condensadas por Giandomenico Picco en dos libros: *Man Without a Gun* (*Hombre sin arma*), que contiene las memorias de su vida como negociador (Crown, 1999), y *The Fog of Peace* (*La niebla de la paz*), escrito en coautoría con la psicóloga Gabrielle Rifkind, y que examina las dificultades humanas de la resolución de conflictos (I. B. Tauris, 2013). Por ahora no están disponibles en español, pero su lectura es muy recomendada tanto por las lecciones que contienen como por las historias que cuentan.

Un último punto para recordarles a los amigos de los absolutos: como regla general nadie negocia para humillarse, e incluso muchas personas, empresas y hasta Gobiernos son totalmente capaces de mantenerse en una posición inflexible (aun si les es desventajosa) si salir de ella implica una humillación. Varios testimonios afirman que, cuando cayó el Muro de Berlín en noviembre de 1989, en medio del ambiente de celebración varios asesores le aconsejaron al presidente de Estados Unidos George H. W. Bush ir a Berlín, y frente al muro declarar la victoria de las democracias capitalistas sobre el bloque soviético. Si hago esto, les dijo Bush a sus asesores, al día siguiente tendremos a los tanques soviéticos en Berlín. Él, pragmático por excelencia, sabía que la verdadera victoria consistía en la caída efectiva del Muro y nada más: no en la celebración jubilosa ni en la ostentación del triunfo que, además, podían provocar una reacción en aquella contraparte que no iba a permitir ser humillada.

Claves pragmáticas
1. La habilidad directamente conectada con la solución pragmática de problemas es la negociación.
2. A diferencia de lo que se cree en prejuicios populares, negociar no es una habilidad especial reservada a individuos sagaces. Es algo que todos hacemos y podemos hacer.
3. Todo el tiempo estamos negociando con nosotros mismos (o deberíamos).
4. La habilidad central para negociar es escuchar.

I2

LO CORRECTO VS. LO QUE FUNCIONA (O CÓMO LA ÉTICA PUEDE VOLVERSE UN OBSTÁCULO)

Al empezar esta nueva fase de nuestra conversación tengo que pedirles que se sienten y me escuchen con cuidado, pues me voy a atrever con una tesis que estoy seguro causará repulsión al ser oída por primera vez, y entonces, ya que hemos profundizado tanto en nuestra amistad, les pediré que me permitan explicarla y desarrollarla.

Les voy a pedir, además, algo de indulgencia: el capítulo que estamos a punto de empezar, notarán ustedes, es probablemente aquel donde mis argumentos son menos elaborados e incluso menos sólidos. Sentirán, como sentí yo al escribirlo, que en ocasiones la tesis no logra consolidarse, y tras salir y aventurarse, ella misma vuelve y se refugia en sus mismas trincheras argumentativas. Esto no es más que un reflejo de mi propia situación frente a la tesis, situación que quiero hacer transparente: si bien ella emerge de mis intuiciones, y en muchas oportunidades la veo manifestarse, esas manifestaciones casi todas suceden frente a situaciones cotidianas o frente a hechos de la actualidad. Pero se me dificulta pasar de esa colección de reacciones intuitivas sueltas a la formulación de una tesis y un argumento que sean claros y definidos. Habrán pensado ustedes que me faltan la claridad y la distinción que son requisito cartesiano por excelencia. De modo que les pido que hagan de cuenta que estamos conversando y yo les manifiesto de forma más o menos desordenada unas inquietudes, con la esperanza de que tal vez algún día, gracias a la conversación con ustedes, me sea posible elaborar mejor esta idea[2].

La tesis es esta: la ética, o más exactamente, una cierta hipertrofia expansiva de la ética, nos está haciendo mucho daño. Y lo está haciendo porque, como quiero explicar a continuación, ha reemplazado a la funcionalidad como criterio de diseño de las soluciones a los problemas prácticos y, además, porque ha creado un escenario público en el cual la actitud que se demanda frente a los problemas no es la de solucionarlos, sino la de asumir y expresar juicios éticos del modo más fuerte y elocuente posible. Juzgar es importante, pero tiene su ámbito. El juicio moral es importante, pero tiene su rango propio de aplicación. Pero nos estamos concentrando en juzgar en lugar de resolver: el ideal de perfección ética no solo ha desplazado a la funcionalidad práctica sino que además le cierra sus espacios.

---

2   Lo de la conversación no es una formalidad: en verdad quiero tenerla. Afortunadamente eso lo hacen posible hoy las redes sociales, y por mi nombre completo me pueden encontrar y pueden enviarme sus ideas en X, LinkedIn, Substack e Instagram.

Como ven, esta idea tiene dos partes. La primera la podríamos reformular de manera sencilla así: al enfrentarnos a problemas, cuando deberíamos estar pensando en la manera eficaz de solucionarlos, nos perdemos a veces buscando la manera éticamente correcta de hacerlo. ¿Acaso esto es un llamado a ignorar los principios éticos? No: esos principios deben ser un marco dentro del cual se busca una solución que sea eficaz en la práctica. Ese es el primer compromiso ético que propongo: la ética es el marco dentro del cual debe emerger la solución, pero no es el criterio central para concebirla.

Aquí hay también en el fondo una declaración ética de pragmatismo, una especie de micromanifiesto: en la gran mayoría de los casos, lo eficaz es lo éticamente correcto. No porque coincida con tal o cual sistema de principios, sino porque ante los problemas nada es más importante que su solución concreta. Esto es, por sí mismo, un valor. Y es una declaración de ese valor frente a una sociedad y una cultura que a veces parece concentrarse en juzgar en lugar de resolver: el ideal de perfección ética no solo ha desplazado a la funcionalidad práctica sino que además le cierra sus espacios.

Volviendo a la tesis original, ella tiene una segunda parte: si bien la ética es y debe ser un elemento central de las discusiones públicas, nos estamos haciendo daño al exigir que ella sea el primer y principal criterio de evaluación de las cosas y de abordaje de los problemas. Sobre todo porque, en muchos casos, esa exigencia se vuelve tan estricta que cierra el espacio para las soluciones prácticas, por cuanto la censura social recae sobre quien, al abordar la problemática, no reacciona de manera inmediata y única con un juicio moral. A veces me parece que hemos llegado a un punto en el que incluso el abordaje práctico de los problemas es casi considerado inmoral, y sólo es admisible el abordaje ético. El problema, como repetiremos en esta exposición que ya hemos calificado de desordenada, es que el abordaje ético no produce soluciones.

Pero ¿acaso la ética no es uno de los mayores logros humanos?, podemos preguntar. Sí, pero todo lo bueno, hasta lo mejor, se puede hipertrofiar, o puede hacer daño si excede su ámbito de aplicación. Así como el sistema de defensas del cuerpo humano es fundamental para vivir, y tiene lo que llamaríamos su ámbito sano de aplicación (combatir agentes infecciosos), cuando por alguna razón sale de ese ámbito y empieza a atacar los tejidos y los órganos sanos del cuerpo sobrevienen numerosas enfermedades graves (las llamadas enfermedades autoinmunes). La reflexión ética, el sentido ético y nuestra capacidad de hacer juicios morales también son fundamentales, y sin ellos sería simplemente imposible vivir junto con otras personas. Y tienen, claro, su ámbito natural de aplicación: el juicio moral nos hace formarnos opiniones sobre la conducta de otros y la propia nuestra, y esto contribuye al mejoramiento de nuestras acciones y posiblemente las de los demás, cosa que puede ocurrir cuando estos juicios se expresan en un ámbito público o se les comunican a las personas involucradas. El sentido moral es, de hecho, una facultad formada a través de la evolución que seguramente nos dio una ventaja como especie, pues hizo posible aquella gran fortaleza evolutiva nuestra por excelencia, la capacidad de vivir juntos y de cooperar. La reflexión ética, por otra parte, sirve al propósito también fundamental de examinar nuestras reacciones y nuestras disposiciones, y tratar en lo posible de enfocarlas mejor y de controlar algunas de sus manifestaciones. Así, por ejemplo, aquella tendencia natural que tenemos a empatizar con personas cuyos rasgos perceptibles son similares a los nuestros, y a desconfiar de aquellas en quienes estos rasgos sean diferentes, viene a ser controlada y moldeada por una reflexión ética que nos lleva a sostener que todos los seres humanos tenemos el mismo valor sin importar nuestra apariencia. Así, una moral universalista, que no es nuestra inclinación natural, es producto de reflexiones éticas. Todo eso está muy bien.

Y vivimos, por fortuna, tiempos en los cuales la ética ha asumido un papel central, al menos en buena parte de la deliberación pública mundial. Conductas que hace apenas pocos siglos (o décadas) se consideraban normales o naturales hoy las vemos como totalmente inadmisibles, por ejemplo la discriminación racial o la esclavización de seres humanos. Evaluamos la conducta de las personalidades públicas de acuerdo con criterios morales. Conductas que antes se trataban con indulgencia, o eran simplemente manejadas con discreción, hoy son exhibidas en público y señaladas como inaceptables. Vivimos la época en que muchas personalidades poderosas tienen que excusarse o incluso pasar al ostracismo por hacer lo que muchos de sus antepasados habían hecho con impunidad. Basta pensar en Andrés, hermano del actual rey de Inglaterra, prácticamente desterrado de la realeza y forzado a vivir como un paria por una terrible conducta a la que seguro muchos príncipes y nobles del pasado sintieron que tenían derecho. Todo esto, insisto, es bienvenido y es parte de una evolución civilizatoria que ojalá seamos capaces de conservar y profundizar.

Creo que esta evolución, al menos en las últimas décadas, tiene que ver con la formación de una especie de conciencia global, o si se quiere de un ámbito de discusión global. "Global" es, por supuesto, una exageración: hay rincones del mundo donde todavía estas reflexiones no llegan, pero su alcance sí es mayor que lo que ha sido en cualquier momento de la historia. Seguro también tiene que ver con la expansión de las capacidades de comunicación, investigación, reportaje, análisis y denuncia, que permiten que conductas o esquemas inaceptables sean pronto expuestos y sometidos al juicio moral público. Muy probablemente, también, ese carácter más central del juicio moral y de la reflexión ética sea una reacción a horrores recientes que, expuestos y develados gracias a esa nueva capacidad de comunicación y denuncia, crean reacciones morales que llegan a un escenario casi universal. Las atrocidades del colonialismo en el Congo y en Bengala, el holocausto nazi, y el horror mismo de las dos guerras mundiales seguramente contribuyeron a que la ética asumiera el papel central que ha venido a adquirir. Y esto, insisto, está muy bien.

Pero hay algo que no lo está. Hay algo en el rumbo que las cosas han ido tomando en las últimas décadas que no está bien. Hay una especie de hipertrofia en el rango de aplicación del juicio moral, una hipertrofia en virtud de la cual el juicio moral parece estar tomando el papel central en la reacción a todo tipo de situaciones y en la evaluación de todo tipo de acciones, incluso aquellas que son de naturaleza puramente práctica y que demandan una solución en ese nivel. Es decir, parecería como si, enfrentados ante cualquier problema de naturaleza práctica, el criterio central de decisión fuera el juicio moral. En principio, podría decirse, no hay nada de malo con esto, pues al fin y al cabo las acciones humanas son el objeto y la motivación de los juicios morales. Y en efecto no habría nada de malo si no fuera porque, en la forma particular que ha tomado este fenómeno, la primacía del juicio moral se está volviendo un obstáculo para la solución efectiva de problemas prácticos, y casi todos los problemas humanos lo son. Y es más, me atrevería a decir que, sin excepción, todos aquellos problemas humanos cuyo tratamiento parece estar hoy capturado por una demanda exclusivista de juicios morales son problemas prácticos que ante todo requieren resolverse. Y demos aún un paso más: problemas cuya naturaleza es directamente merecedora y susceptible de reflexión moral son también problemas que requieren una solución práctica: el hambre, la injusticia social, los conflictos, las crisis económicas, todos ellos son eventos cuyas manifestaciones casi que de manera instintiva nos generan una opinión moral, pero esa opinión moral no los va a resolver: a quienes sufren hambre de poco les sirve nuestra indignación moral, sobre todo si, como parece más frecuentemente suceder, ella no da lugar a acciones efectivas (recuerdo una caricatura que vi hace pocos años en la que una mujer era asaltada en un callejón y pedía ayuda, y en los apartamentos circundantes todos escribían posts en redes sociales, se declaraban indignados, hacían incluso la etiqueta #HelpHer —ayúdenla—, y nadie hacía nada). Podríamos sintetizar diciendo que los juicios morales no resuelven problemas prácticos, y que si los convertimos en criterio central de nuestras reacciones y nuestras posiciones frente a los problemas prácticos, la mayoría de ellos se van a quedar sin resolver; y esto incluye a todos aquellos que más intensamente invitan a una reflexión moral (el hambre, las injusticias, la violencia): ellos también requieren una solución práctica y efectiva. La enunciación de juicios morales, y peor, el exhibicionismo de quien los produce, no soluciona nada. Las víctimas de genocidio seguirán sufriendo, quienes viven a merced de injusticias seguirán padeciéndolas, y las víctimas de la violencia no se van a librar de ella. Al menos no porque alguien haya pronunciado un sonoro juicio moral.

Esta hipertrofia se manifiesta sobre todo en los ámbitos de discusión pública, y claro, su escenario actual por excelencia son las redes sociales (aunque no son el único), y creo que son principalmente tres las formas en las cuales ella interfiere con nuestra capacidad de resolver problemas en la práctica.

En primer lugar, con la demanda de que, ante toda situación, nuestra primera y casi única reacción tenga que ser un juicio moral. En segundo lugar, con una cierta actitud de sospecha o censura con la que se reciben muchas perspectivas prácticas o extramorales de los problemas. Y en tercer lugar, con la demanda de que el juicio moral tiene que ser inmediato, y que no debe admitir matices, ni consideraciones del contexto, ni el tiempo necesario para informarse del problema. Basta pasar diez minutos por las redes sociales para ver cómo, casi frente a cualquier evento que sucede, parecería como si todo el mundo, desde la gente famosa hasta el usuario anónimo, se apresura a dejar claro su juicio moral, generalmente para olvidarse de la cuestión a los pocos minutos. Y basta pasar por las mismas redes media hora después para empezar a ver cómo se demanda que quien no haya tomado posición moral lo haga, o se le censura por no hacerlo. Y la expresión ya más sofisticada de este nivel de hipertrofia es la reprobación moral que llegan a sufrir quienes, ante la misma situación, reaccionan primariamente con una idea práctica para resolverla. La exigencia de que hay que salir a condenar, reprobar, denunciar y censurar se vuelve abrumadora, y por ello, creo, estamos formando una mentalidad ajena a la resolución de problemas. Es posible que, para quienes sufren, observar los juicios morales que otros hacen les reconforte al sentir algo de solidaridad, pero lo que verdaderamente les aliviaría es la solución del problema.

Me parece que esto, además, va produciendo gradualmente una mala asignación de los recursos: es decir, recursos como nuestro tiempo, nuestra atención y nuestras capacidades de comunicación no se pondrían ya al servicio de la solución efectiva de los problemas, sino de la producción y exhibición inmediata y sonora de juicios morales.

Me decía alguien que en esta idea mía hay un error, pues la generación de juicios morales, en concepto de esta persona, sí ayudaba a la solución de los problemas, pues pone la presión de la opinión pública sobre quienes tienen la capacidad de solucionarlos. Es posible que este efecto se produzca en algunos casos, pero mi preocupación es que cada vez más lo que se demanda de quienes están en posiciones de poder y de capacidad ni siquiera es que resuelvan los problemas sino que emitan el juicio moral que se considera correcto. Y que lo hagan ya. A veces, hecho esto, no se les reclama nada más.

Y es así como, finalmente, el espacio para la solución práctica de problemas se va cerrando. Para un gobernante es mejor, si piensa en réditos políticos, ceder a esta exigencia inmediata de juicio moral en vez de ponerse a resolver el problema: al fin y al cabo, ese mismo auditorio moralista lo va a evaluar, no por haber resuelto o no el problema, sino por la posición que tomó y que expresó.

Y es más: en la mayoría de ocasiones, las soluciones efectivas, concretas y prácticas requieren de condiciones que pueden llegar a verse como totalmente inaceptables desde el punto de vista de esa moral hipertrofiada e inflexible. Muchos problemas, por ejemplo, requieren tiempo; requieren también trabajo discreto, a veces silencioso, y esto es incompatible con la demanda permanente de que se diga algo, de que se fijen posiciones. Y las soluciones requieren, por encima de todo, *compromises*: prácticamente no existe ningún problema concreto que se pueda resolver sin tener que ceder algo o renunciar a algo, y esto es inaceptable en la visión moral de las cosas, pues ella exige la satisfacción absoluta de sus demandas. Y en muchos casos, sobre todo en casos de conflictos, un tipo de *compromise* muy especial que estas situaciones reclaman es el de tener que sentarse a hablar con personas o con organizaciones que se consideran fundamentalmente inaceptables. Pero sin hablar con ellas es muy probable que los problemas concretos no se solucionen.

Y hay, en particular, un efecto especialmente nocivo, y es que en esta visión moralista hipertrofiada se castiga con una dureza inusual el fracaso, es decir, se castiga con la mayor severidad posible a quien trató de hacer algo concreto y por alguna razón no lo logró. Porque la opción fácil, aquella que le habría merecido una recompensa inmediata, era la de correr a asumir con acento y elocuencia una posición moral admirable. Pero si en virtud de intentar una solución práctica esto no se hizo, y luego los esfuerzos concretos fallan, el castigo es especialmente implacable, y por lo general viene agravado por la arrogancia de quien presume de haber asumido desde el principio lo que llaman "la posición correcta". Esto es particularmente nocivo por una razón: porque en el mundo práctico, en el mundo de las soluciones efectivas, fallar es siempre una posibilidad cuando se intenta implementar soluciones: las cosas son difíciles, los esfuerzos a veces no alcanzan, se requiere en ocasiones el concurso de muchas otras personas, o de circunstancias que no se dan, o incluso del azar mismo. Esto, por supuesto, jamás ocurre en el mundo del auditorio moral, donde para tener éxito basta asumir una posición moralista y manifestarla de manera categórica; allí no hay posibilidad de fallar. Ni tampoco hay conflictos, ni hay dudas, ni hay incertidumbre, como sí los hay en el mundo de los esfuerzos concretos y efectivos. Esa, de hecho, es tal vez la característica central y si se quiere trágica del enfoque pragmático: nada es claro, siempre hay conflictos y dudas, hay muchos riesgos, y las cosas pueden salir mal. En el mundo del juicio moral no hay conflictos, pues todas las posiciones son categóricas; no hay dudas, o mejor que no las haya pues la duda merece la censura más drástica: ella es evidencia de debilidad; y todo es claro, y todas las líneas son definidas. Lástima entonces que esto sea un espejismo; lástima entonces que ese mundo de claridades totales y líneas definidas no sea el mundo de la vida real y los problemas reales; lástima que se nos esté convirtiendo en un mundo artificial en el que nos encerramos y vivimos en la plenitud de la certeza moral mientras que en el mundo real se acumulan los problemas sin solución.

En ese mundo artificial la norma es el exhibicionismo moral: exhibir la virtud y que nadie tenga dudas de ella. Y hacerlo rápidamente. Detenerse a pensar es debilidad. Detenerse a pensar es falta de claridad. Pedir detalles y contexto también lo es. Informarse antes de emitir una opinión, aún peor. Pero resulta que pensar, mirar detalles y contexto, e informarse, son cosas esenciales para la solución efectiva de problemas

En ese mundo artificial se logra, en ocasiones, una especie de éxtasis moral colectivo, que sobreviene cuando la persona de quien se demanda una posición efectivamente la asume y la asume como queríamos. Pero ese éxtasis dura unos pocos segundos, al cabo de los cuales los problemas no resueltos siguen allí.

Insisto en que esto no es un manifiesto contra la ética. La tesis aquí contenida es muy simple y sencilla: entendamos que la ética y los juicios morales no resuelven problemas prácticos, y que para ofrecer soluciones necesitamos que el enfoque pragmático de los problemas siga teniendo un espacio. Un espacio que se cierra cada vez más en un mundo en donde lo único que se demanda de las personas con posiciones de liderazgo es que manifiesten juicios morales. Eso es todo.

Y la ética, por supuesto, tiene un papel en la perspectiva pragmática de las cosas, del que ya habíamos tenido la oportunidad de hacer algunos comentarios. Lo imagino como un marco, fuerte e inviolable, dentro del cual hay un amplio espacio interior. Ese es el espacio de las soluciones prácticas; el espacio donde ocurren la creatividad y la inventiva; el espacio donde se dan las decisiones, los intercambios, las negociaciones y las conversaciones. Es un lugar lleno de pequeños puntos que todo el tiempo van apareciendo y desapareciendo, o van moviéndose de aquí a allá, y cada uno de ellos representa necesidades o problemas humanos que se resuelven o se pueden resolver mediante intercambios o decisiones. ¿Y qué compone ese marco? El marco representa aquello que no se debe traspasar bajo ninguna circunstancia. El marco representa aquellos principios que son tan fundamentales que ni siquiera en virtud de encontrar soluciones prácticas aprobaríamos su violación: así, por ejemplo, no puede haber soluciones prácticas que involucren esclavizar seres humanos, y si alguien las propusiera la respuesta debe ser no y debe ser inmediata, independientemente de las consideraciones de conveniencia práctica. Los elementos centrales de la dignidad humana y de la valoración ética del ser humano están en ese marco. Pero ¿entonces es ese acaso el único lugar de la ética? Claro que no, es su función central. Pero en ese amplio espacio que está dentro del marco, y en el cual se dan las decisiones y las soluciones prácticas de las cosas, hay también principios de conducta sin los cuales no son posibles las soluciones pragmáticas. El intercambio, por ejemplo, requiere de principios como el de cumplir los compromisos.

En el fondo, creo que el enfoque pragmático de las soluciones fluye de la mano de intuiciones morales básicas, es decir, disposiciones e inclinaciones humanas que tienen un sentido moral pero que no provienen de la reflexión ética racional ni de ningún sistema que venga de afuera. Están en la obra de David Hume y Adam Smith, filósofos del siglo XVIII, protagonistas de la llamada "ilustración escocesa", y grandes amigos personales. Es a aquellas intuiciones, por ejemplo, que se refiere la primera frase de la obra de Adam Smith *Teoría de los sentimientos morales*, en la que dice que, sin importar cuánto cuidado preste cada persona a sus propios intereses, hay "evidentemente algunos principios en su naturaleza que le hacen interesarse por la suerte de otros, y hacer que la felicidad de ellos sea necesaria para la suya, aun cuando de esto no derive más que el placer de contemplarlo". Ese sentimiento, que de manera muy célebre Adam Smith llamó simpatía, y que suena muy similar a aquello que hoy llamamos empatía, es una disposición natural, es decir casi un instinto. Aun cuando por supuesto Smith no pudo conocer la teoría de la evolución (que vendría cien años después) ni imaginar las consecuencias que ella tendría para el estudio de la moral, de cierta manera se anticipa a ella al postular que en nosotros existen inclinaciones morales que son naturales. Estas son, en su mayoría, suficientes para guiar nuestra acción, siempre y cuando las cosas no se acerquen a ciertos límites donde su aplicación se vuelve problemática (como cuando nuestra disposición natural nos lleva a favorecer a personas que se parecen a nosotros o que son próximas a nosotros en detrimento de las que no). Y en ese sentido, esas intuiciones morales seguramente son suficientes para acompañar los ejercicios de solución efectiva de los problemas, teniendo siempre presente que ese espacio está delimitado por un marco sólido e inviolable de principios que no se negocian, y sobre los cuales no hay concesiones. Es el marco de lo fundamental, pero en su interior está el amplio espacio en el que nos podemos mover. No sigamos cerrando ese espacio.

Recordemos el llamado que hacía Edmund Burke, un llamado a preferir ser "ciudadanos felices" a ser "disputantes sutiles", es decir, a preferir las soluciones concretas al ejercicio sin fin y sin rumbo de la discusión; un llamado a optar por los beneficios que resultan de solucionar un problema en lugar de buscar el clímax de aprobación que viene tras el despliegue de nuestras virtudes morales.

Claves pragmáticas

1. Los juicios morales no resuelven problemas prácticos.

2. Pueden y deben ser el marco de la solución, pero no son la solución.

3. En el enfoque moralista de las cosas todo es armónico y no hay choques ni roces ni contradicciones; el mundo de la realidad es totalmente diferente.

4. Una sociedad que se concentra en hacer juicios morales puede ir perdiendo su capacidad de encontrar soluciones prácticas a los problemas.

13

LO JUSTO VS. LO QUE FUNCIONA: UN ENCUENTRO CON JOHN RAWLS, Y UN CHISTE NO TAN BUENO

En septiembre de 2021, al conmemorarse cincuenta años de la publicación del libro *Teoría de la justicia* de John Rawls, escribí en Twitter (ahora x) una breve nota en la que recordaba este hecho, resaltaba la importancia y la enorme influencia que ha tenido este libro, y que terminaba diciendo que "en general creo que su influencia ha sido perniciosa, pero no voy a ahondar en eso". Bueno, llegó el momento de hacerlo.

Para ello nos encontraremos en esta etapa del camino con la enorme figura del filósofo y profesor de filosofía John Rawls, cuyos méritos no puedo desconocer a pesar de que creo que la influencia de su obra y de sus ideas ha sido en varios aspectos engañosa de la misma manera en que lo es la música del flautista de Hamelin.

Saludemos entonces a este hombre nacido en Maryland en 1921, hijo de un prominente abogado que le dio una educación de la más alta calidad y con importantes notas religiosas, notas estas que luego en su vida él iría abandonando. Saludemos a este hombre que desde joven estudió en las mejores universidades con los mejores maestros; en Princeton, dicen sus biógrafos, recibió la influencia de Norman Malcolm, quien era uno de los más brillantes discípulos del filósofo Ludwig Wittgentsein. Rawls, como muchos jóvenes de su generación, combatió en la Segunda Guerra Mundial, en su caso en el cruento y difícil teatro de guerra del Pacífico. Después de la guerra obtuvo su doctorado e inició su carrera académica, siempre en universidades de gran prestigio. Empezó en Cornell, pero el que sería su hogar definitivo estaba un poco más al este, en Massachusetts, en la Universidad de Harvard. Perteneció a su Departamento de Filosofía durante cuatro décadas, e hizo allí parte de un grupo que difícilmente sería fácil de repetir en un mismo lugar: durante esas décadas enseñaron filosofía en Harvard, entre otros y además de Rawls, Nelson Goodman, Willard Van Orman Quine (con quien pronto hablaremos), Hilary Putnam y Robert Nozick.

Pero el suceso central en la vida de Rawls es la publicación en 1971 de su *Teoría de la justicia*. Y para ser justos (cómo no), no solo fue el suceso central en su vida sino que también fue el más impactante y de más duraderos efectos en la esfera del pensamiento filosófico de la época. No es exagerado decir que, en adelante, una inmensa parte de la discusión en filosofía política se convirtió en un diálogo con la obra de Rawls, ya fuera para contestarle, para tratar de refutarla, para desarrollarla o para defenderla. Áreas aledañas como la teoría constitucional, la jurisprudencia y la economía del bienestar experimentaron un efecto similar, y Rawls se convirtió en su autor central de referencia. Este lugar central se mantuvo por mucho tiempo: yo recuerdo asistir, cuando era todavía un estudiante muy joven, a un Congreso Interamericano de Filosofía en 1994, en el cual mi impresión fue que aproximadamente la mitad de todas las discusiones eran sobre la obra de Rawls, y más o menos el 90 % de las sesiones de filosofía política eran sobre su pensamiento. *Teoría de la justicia*, además, es recordada por otras razones. La primera fue dar una nueva vida al liberalismo filosófico, que venía un poco de capa caída desde finales del siglo XIX: la obra de Rawls no solo fue una reafirmación clara y asertiva de sus tesis, sino que fue una defensa muy ingeniosa de ellas. La segunda razón es que, en el afán de contestar a las inquietudes planteadas por Rawls, muchas obras importantes de filosofía política se producirían en los años subsiguientes, obras que por su propia cuenta se volvieron clásicos como *Anarquía, Estado y utopía* de Robert Nozick y *Los derechos en serio* de Ronald Dworkin. La lista de alumnos y estudiantes doctorales de Rawls que se han convertido en figuras importantes de la discusión política es tan larga que mejor los invito a consultarla en Wikipedia.

Rawls no se acostó a dormir después de escribir *Teoría de la justicia*: su producción siguió a toda marcha, con obras entre las cuales tal vez la más importante es *Liberalismo político*, donde sigue desarrollando los temas planteados en su teoría inicial; también hizo una segunda edición de *Teoría de la justicia* y un libro sobre problemas filosóficos de la política internacional titulado *El derecho de gentes*. Rawls, además de todas estas virtudes intelectuales, es descrito muy favorablemente por quienes le conocieron, y se refieren a él como una persona sencilla y generosa. Un discípulo suyo me lo describía como un hombre amable y austero, que ayudaba a los estudiantes que se quedaban cortos de dinero para cosas como imprimir sus trabajos de tesis, y que, pese al inmenso éxito del que gozó —éxito que seguramente le dio réditos económicos importantes— llevaba un modo de vida sencillo y usó durante décadas las mismas dos o tres chaquetas. En mi humilde opinión, sin embargo, y hecho el debido reconocimiento a su vida y a su obra, creo que Rawls se equivoca en lo fundamental y de una manera que es muy relevante para la ruta que estamos explorando.

Ese error no es difícil de encontrar, pues está condensado en la primera línea del primer capítulo de *Teoría de la justicia*: "La justicia es la primera virtud de las instituciones sociales, tal como la verdad lo es de los sistemas de pensamiento". No. Ambas afirmaciones, creo, son profundamente equivocadas, pues la virtud principal, primera, primaria, esencial, fundamental e indispensable de cualquier sistema, en cualquier ámbito, es su funcionalidad. Es decir, que funcione de tal manera que sus objetivos prácticos se cumplan, y que se logre satisfacer aquella necesidad por la cual como seres humanos construimos, edificamos, sostenemos esos sistemas y optamos por tenerlos; o que al menos nos aproximemos de la mejor manera posible a su satisfacción. Y esto vale, por supuesto, tanto para los sistemas sociales como para los "sistemas de pensamiento" que Rawls menciona: como veremos un poco aquí y un poco más en un próximo capítulo, la verdad no es realmente su virtud central ni podría serlo. Su virtud central es que funcionen para aquello que los queremos.

Veámoslo de esta manera: tanto los sistemas de organización social como los sistemas de pensamiento son instrumentos, son herramientas: en el primer caso para hacer posible y mejor nuestra vida; en el segundo caso para alcanzar algún tipo de aproximación a la realidad de las cosas, sea por nuestra curiosidad natural, o para poder movernos mejor dentro de esa realidad. En ambos casos responden a necesidades, y seguramente son producto de un largo proceso de evolución en el cual actúan, no como expresión de valores, sino como instrumentos prácticos que nos dotan de capacidades y ventajas. En esa medida, y sin negar que valores como la justicia o la veracidad tengan un papel importante, el criterio primario y fundamental de evaluación de estos sistemas es su capacidad real y efectiva de servir a los propósitos para los cuales los queremos.

De manera muy temprana en nuestra evolución, por ejemplo, los seres humanos encontramos en la cooperación un instrumento extraordinario que, junto con otras capacidades nuestras, nos permitió un grado apreciable de éxito dentro de un mundo natural lleno de dificultades y peligros, más aún teniendo en cuenta que los humanos no poseíamos capacidades físicas extraordinarias. La cooperación, y en ese sentido, la conformación de esquemas en los que hay relaciones, intercambios y a veces jerarquías emerge como una capacidad extraordinaria que, con el tiempo, nos permitiría no solamente sobrevivir y triunfar en un duro ambiente natural, sino producir un mejoramiento apreciable de las condiciones de la vida humana. La cooperación y la conformación de este tipo de esquemas es observable en grandes primates, y en su caso también sirve a propósitos. Y así como no evaluaríamos la fortaleza física, los dientes y las garras de los grandes felinos con respecto a su conformación con criterios ideales como su belleza, tampoco es correcto evaluar primordialmente los sistemas de cooperación humana por su correspondencia con valores de justicia. El cuerpo de un tigre, su mirada y sus garras pueden efectivamente ser bellos e impresionantes, pero lo que hará que le sirvan como una ventaja es su funcionalidad: que sirvan para capturar presas, para defenderse de agresores, y así poder asegurar de mejor manera su supervivencia y su reproducción. La historia de la evolución natural debe estar llena de especies desaparecidas que tal vez eran muy apreciables a partir de criterios valorativos o estéticos, pero cuya conformación y cuyas habilidades no eran funcionales. En sentido contrario, el horizonte de la evolución humana nos muestra sistemas y formas de organización que han sido extraordinariamente eficientes en la satisfacción de las necesidades humanas, y por esa razón perduran. ¿Cuáles son esas necesidades? Para responder a esa pregunta podemos encerrarnos en salones académicos o en cafés a discutir y especular durante horas, o podemos preguntarle a la naturaleza, y en el segundo caso muy probablemente encontraremos que la primera necesidad humana es la de conservar la vida, y derivada de esta, la de evitar la muerte violenta. Encontraremos que la satisfacción, o mejor, la oportunidad de satisfacción de necesidades fundamentales como el agua o la alimentación están en el mismo nivel. Y es tal la importancia de estas necesidades, y es tan clara su conexión inmediata con nuestros sistemas de organización, que muchas sociedades que únicamente satisfacen estos dos tipos de necesidades han perdurado miles de años, y en ese sentido puede decirse que han sido exitosas. Por supuesto que aquellos arreglos sociales que van más allá de la simple protección básica de estos intereses, y que han permitido a amplios sectores de la humanidad llegar a niveles muy sofisticados de satisfacción de los mismos; estas son sociedades seguro más exitosas, pues si no sólo evitamos la muerte violenta sino que podemos vivir sin prácticamente preocuparnos por ella; si no sólo evitamos la muerte temprana por enfermedad (en muchos casos en los que se puede) sino que además llegamos al alivio de numerosas otras dolencias que sin ser mortales son incapacitantes o muy molestas, estamos ante un grado de éxito mayor (y esto solo para mencionar esas categorías de necesidades). Pero esto lo hace y lo logra la funcionalidad del esquema social, no su correspondencia con un valor de justicia.

¿Qué determina que un sistema de organización social sea funcional o no? Aristóteles la tenía más clara que Rawls, pues en lugar de extraviarse por centenares de páginas en la elaboración detallada de una idea de justicia, observó y analizó la manera como funcionaban los sistemas políticos conocidos en su época, tratando de entender sus estructuras, sus jerarquías, y la distribución del poder dentro de ellas. Es imposible hacer una teoría general, atemporal y sustantiva (o sea, con contenido) sobre lo que hace que un sistema de organización social sea funcional:

esto dependerá de las necesidades o aspiraciones que las diversas comunidades humanas necesitan satisfacer, y esto ha cambiado y va a cambiar a lo largo del tiempo, y dependiendo del lugar y del entorno. Pero si tuviéramos que dar una definición relativamente abstracta, podríamos decir que un sistema es funcional en la medida en que la manera como el poder se distribuye, y los incentivos y las oportunidades que se crean para la acción humana y para el intercambio, permiten en el mayor grado posible la satisfacción de los objetivos humanos.

Esta es, por supuesto, una visión pragmática de lo que debe ser un sistema social. ¿Significa eso que la justicia no importa? Claro que no. Pero sí significa que la funcionalidad del sistema nos debería preocupar primordialmente. Nada impide que a la vez nos preocupemos por la justicia: no es necesario poner las cosas en un marco binario de lo uno o lo otro. De hecho, una interpretación optimista de los últimos dos milenios y medio de la historia de Occidente, y sin duda de los últimos tres o cuatro siglos, nos diría que el éxito de esta historia ha radicado en que hemos podido avanzar en funcionalidad a la par que avanzamos en justicia. Según esta interpretación, esto nos ha llevado a arreglos sociales que son muy exitosos en cuanto a los resultados concretos que producen para la vida y la convivencia humana, y que a la vez han avanzado en cuanto a la justicia de las relaciones que hay dentro de ellos, y de las normas con las cuales se gobiernan.

A la justicia podemos verla de la misma manera como veíamos a la ética en nuestra reflexión anterior: como un marco amplio pero sólido e inviolable dentro del que hay un amplio espacio, espacio en el cual las relaciones humanas ocurren y se mueven por criterios pragmáticos, es decir por criterios relacionados con la satisfacción eficaz de nuestras necesidades. Ciertos principios conforman ese marco, y probablemente lo ideal es que sean pocos pero que sean muy fundamentales. Y de nuevo, la lección central es muy simple: las relaciones humanas, miles y múltiples, que ocurren dentro de ese marco, ocurren con el propósito de la solución de problemas concretos y de la satisfacción eficaz de necesidades. El criterio para evaluar esas relaciones, por lo tanto, es el de en qué medida ellas logran o pueden lograr ese propósito. Y el criterio para evaluar el sistema como un todo, a su vez, es la medida en la cual él permite que esas relaciones operen de manera pragmática. Eso es un sistema funcional. Y si es funcional, y su funcionalidad ocurre dentro de un marco de principios sobre los cuales no estamos dispuestos a ceder, hemos encontrado la combinación perfecta. Queda claro, además, que no importa cuán funcional sea un cierto arreglo o una cierta manera de hacer las cosas, si excede o viola el marco fundamental de principios, será por completo inaceptable. Viene a la mente, por supuesto, la práctica de la esclavitud: esta pudo haber sido funcional para algunas sociedades en el pasado, pero por el hecho de que ella, por su naturaleza y por su esencia, rompe ese marco inviolable de principios dentro del cual deben suceder las relaciones y los intercambios humanos, es totalmente inaceptable sin importar cuál fuera su supuesta funcionalidad.

Rawls, como vimos, establece un paralelo entre los sistemas sociales y lo que llama "sistemas de pensamiento", pues, según su enfoque, la cualidad de los primeros es la justicia en el mismo sentido en que la cualidad central de los del segundo tipo es la verdad. Dice Rawls en las líneas siguientes, explicando ese paralelismo, que una teoría (una teoría sobre la realidad) debe rechazarse si resulta no ser verdadera, no importa cuán elegante sea. Se equivoca, y esta es una equivocación que se corrige observando cómo funciona efectivamente la ciencia. Y aun cuando sobre esto vamos a volver luego, baste por ahora un ejemplo: si de lo que estamos hablando es de la verdad, resulta que existe una teoría con la cual todos los días trabajamos, con la cual se diseñan la mayoría de cosas y se hacen prácticamente todos los cálculos de ingeniería. Y esa teoría, si queremos hablar estrictamente sobre verdades, es falsa. Pero es funcional. Estoy por supuesto pensando en la física de Newton, y digo que si nos metemos en consideraciones sobre la verdad tendríamos que elegir cuál teoría vamos a aceptar: la de Newton o la de Einstein. Esto, insisto, si nos metemos a la discusión con un medidor de verdad en la mano. Si dejamos el medidor en la puerta encontraremos que la física de Newton funciona, de hecho, funciona muy bien a velocidades relativamente bajas y en marcos de referencia no muy extensos. Y la física de Einstein probablemente es más exacta (si quieren, más verdadera) incluso para esos mismos cálculos. Pero sería poco práctico hacer los cálculos de la vida o de la ingeniería cotidiana con la física de Einstein, y si podemos hacerlos con la de Newton, bienvenida sea ella aun cuando a nivel general sea incompatible con la de Einstein. Esto lo permite el hecho de que, a diferencia de lo que sostiene Rawls, el criterio fundamental en la evaluación de las teorías científicas no es la verdad sino la funcionalidad: es que cumplan los propósitos para los cuales las comunidades que usan esas teorías las requieren: las comunidades de la gente que trabaja en ciencia, en ingeniería, en diseños, etc. Y este es también un criterio pragmático. Ya tendremos ocasión de hablar de la verdad, si es que algo así pudiera de alguna manera ser capturado por lo que los humanos podemos lograr.

Es posible que esa idea de Rawls (la de que la justicia es la virtud central de los sistemas sociales) esté un poco condicionada por su propia definición de lo que es justicia. De hecho, a veces es inevitable pensar que Rawls podría haberse ahorrado las seiscientas o setecientas páginas que tiene su libro, y todos los complejos argumentos que hay en ellas (que incluyen por ejemplo gráficos de teoría económica), cuando su conclusión está expresada en las primeras páginas, y parece estar expresada como punto de partida. La frase: "Cada persona posee una inviolabilidad basada en la justicia que ni siquiera el bienestar de la sociedad como un todo puede anular". Esta frase, que está en el primer párrafo del primer capítulo de *Teoría de la justicia*, funciona como punto de partida, pero luego, decenas y decenas de páginas después, Rawls llega a la misma idea como conclusión de un complejo proceso de argumentación. Proceso este que incluye, por cierto, uno de los experimentos mentales más ingeniosos y persuasivos de la filosofía contemporánea (el llamado "velo de ignorancia", que le sirve para ilustrar su tesis de que un arreglo social solo es justo si la gente lo elige sin saber qué es lo que le conviene). Pero con todo y aquel experimento mental ingenioso, a veces parece que toda esa construcción es un argumento circular, en la medida en que la conclusión (o una de las conclusiones) está expresada como punto de partida.

Una sociedad "bien ordenada", dice Rawls en esas mismas páginas iniciales, es una que satisface dos condiciones, que consisten en que cada persona acepte los mismos principios de justicia y sepa que los demás los aceptan, y en segundo lugar que las instituciones satisfagan en general esos principios. Esta es, de entrada, una visión imposible e impracticable de una sociedad, y es una visión que corresponde a cierta manera de hacer filosofía que está mal encaminada en lo fundamental: es, como muy bien señaló nuestro amigo John Gray, quien no ha dejado de caminar a nuestro lado, una visión en la que quien hace filosofía llega a una especie de gran descubrimiento sobre lo que es la justicia y el ordenamiento justo de la sociedad, y procede casi que a decretarlo. Pero en una sociedad que es plural y que lo es cada vez más este tipo de enfoque es completamente inadecuado, pero ha sido, y lo ha sido gracias a la influencia de Rawls, el que se ha impuesto en muchas sociedades occidentales.

"La institución central en el liberalismo político de Rawls no es una asamblea deliberativa sino un tribunal de justicia", dice Gray. La justicia ya se descubrió, y como lo que la sociedad necesita, en esta visión, es lo que se considera justo, no hay más que discutir y hay que proceder a sentenciar, a hacer que lo justo se cumpla. En la visión de Rawls, o en la visión que se ha formado gracias a su influencia, las cuestiones de la justicia, entre ellas la distribución de los recursos sociales, "no son temas para la discusión política sino para la adjudicación legal", dice Gray. Inevitablemente me pregunto si este tipo de visión, que tan fuerte influencia ejerció en tribunales constitucionales de muchos países de occidente, es la responsable de que muchas veces esos tribunales hayan tomado decisiones que en principio, en el papel, corresponden teóricamente con un ideal de justicia, pero que en la práctica causan tales perturbaciones en la funcionalidad de las cosas que terminan creando mayores problemas e incluso causando daños. Por excelencia aquí estarían las decisiones judiciales que ordenan intervenciones económicas para, en teoría, hacer que las cosas se conformen con un concepto de justicia, pero que al hacerlo alteran tan seriamente las redes de incentivos y de intercambios que terminan causando daños efectivos. Porque su enfoque no es el de la práctica sino el de la justicia, y este enfoque, llevado a sus últimas conclusiones, termina en que la práctica no importa, solo la justicia. El problema es que nadie vive de declaraciones verbales de justicia, y el poner estas declaraciones en el papel no resuelve nada cuando este involucra los complejos sistemas de intercambio que se dan en una gran sociedad.

En esto, además, creo que hay una recepción ingenua de la filosofía política y de sus posibilidades. Una recepción ingenua que nos lleva a formarnos frente a ella expectativas poco realistas. La menos realista de todas, la de que la filosofía nos puede dar respuestas. Cualquiera que haya penetrado en la filosofía, y en lo que ella es como dominio de la actividad intelectual humana, sabe que si hay algo que la filosofía no hace ni puede hacer es dar respuestas. La filosofía es inigualable para cuestionar y para plantear preguntas, pero de ella haríamos mal en esperar respuestas terminantes y definitivas. Y esa lectura superficial de un filósofo político, por grande e importante que sea, como alguien que da las respuestas a ciertas preguntas, es la visión más superficial posible de lo que es la filosofía.

Esto se puede ilustrar con un chiste que hace muchos años me contó un profesor estadounidense. En tanto chiste no es tan bueno, pero es una ilustración muy aguda de lo que es la mayor limitación de la filosofía (si de ella uno espera respuestas y soluciones). Un filósofo está dormido, y sueña que se encuentra con Platón. Naturalmente se entusiasma mucho, y le dice: "¡Qué gran alegría encontrarme con usted! ¿Le puedo pedir el favor de que me explique sus teorías?". Platón hace la explicación, y al filósofo dormido se le ocurre una objeción. Se la dice a Platón, quien se queda callado y se va. Asombrado, el filósofo sigue su camino y se encuentra a Aristóteles, con quien la rutina misteriosamente se repite: Aristóteles le explica sus teorías y al filósofo se le ocurre que la objeción a las ideas de Platón también vale para las de Aristóteles. Se la dice, este se queda callado y se va. Así, la rutina se empieza a repetir con todos los filósofos de la historia: ante la objeción, que siempre es la misma, quedan en silencio y se van. El filósofo dormido se da cuenta de que acaba de hacer un descubrimiento gigante: la refutación de todas las teorías filosóficas, la refutación filosófica universal. "Pero estoy dormido, ¿qué puedo hacer para que no se me olvide al despertar en la mañana?". Se le ocurre levantarse sonámbulo y escribirla en un papel. Al levantarse en la mañana corre hacia el escritorio y mira el papel, que dice: "¿Ah, sí? Pues eso es lo que usted cree".

El chiste apunta al hecho de que en la filosofía, a diferencia de lo que sucede en otros dominios intelectuales como en la matemática o en las ciencias empíricas, no existe lo que se llama un "procedimiento de decisión". No hay ninguna manera de decidir si una teoría es falsa y otra es la correcta, como maneras sí existen para saber si una demostración matemática es correcta, o si una hipótesis científica realmente sobrevive a la contrastación empírica. La especulación filosófica funciona en un plano donde no hay tal cosa; hay argumentos, pero los hay de muchos tipos, y ni siquiera hay un criterio para decidir qué tipo de argumentación es la correcta o no; hay controversias dialécticas, preguntas, diálogos, deliberaciones, y todo tipo de ejercicios similares, sin que jamás se pretenda que mediante ellos se tome una decisión definitiva.

La recepción ingenua de la filosofía, en particular de la filosofía política, y en particular en décadas recientes de la filosofía de Rawls, consiste en creer que la filosofía es una doctrina, cuando realmente, como han señalado varios pensadores, es más bien una actividad. Esto me vino a la mente hace poco al leer una discusión provocada por una columna escrita por el economista Javier Mejía en la cual él, con argumentos muy convincentes, presentaba su caso en contra de lo que se llama "políticas basadas en la evidencia". Se dio lugar entonces a una controversia: si no es en la evidencia, ¿entonces en qué basar las políticas públicas? "Estoy convencido de que la respuesta es con base en la ética. Es la filosofía moral, no la economía, la que debe servir de faro", respondía Daniel Vásquez Vega, profesor de Derecho de la Universidad Eafit. Una respuesta como esta transmite la idea, equivocada hasta lo más profundo, de que existe un cuerpo de doctrina llamado filosofía moral que contiene respuestas. Como si bastara ir a la biblioteca y tomar un volumen grueso, una especie de diccionario de la ética o la filosofía moral, en la que podemos buscar por tema y por problema y encontrar la respuesta. Si tal diccionario existiera, lo máximo que podemos aspirar encontrar en cada tema o en cada entrada es una enumeración de las posiciones que diversas personas han elaborado a lo largo de dos milenios y medio. Pero nunca una respuesta, porque la filosofía no da respuestas.

De hecho, si la filosofía diera respuestas o resolviera problemas, los pensadores de la Antigüedad, o de siglos anteriores, no tendrían el prestigio que tienen: ya habrían quedado atrás, ya habrían sido superados por nuevos avances que vendrían con nuevas respuestas. Pero así no funciona: en la filosofía, a diferencia de lo que por regla general ocurre en las ciencias empíricas, se habla con los pensadores del pasado en pie de igualdad: es decir, el tiempo no los hace inferiores, y no se les reverencia simplemente por su papel histórico, sino que sus ideas se consideran en las discusiones casi como si la persona, como si Platón, como si Aristóteles o Descartes, estuviera ahí frente a nosotros conversando. En las disciplinas que resuelven problemas hay una cierta idea de progreso: lo anterior va siendo superado por lo nuevo. Eso no sucede en la filosofía.

En ocasiones me parece que este tipo de apego a un ideario es una forma de escapismo, es una forma de eludir las dificultades que presenta el enfoque pragmático de las cosas. Porque, como hemos dicho ya antes, en el enfoque pragmático de las cosas jamás hay claridad ni líneas definidas; allí no vamos a encontrar respuestas y a pretender que todo el mundo se acoja a ellas: vamos a negociar, vamos a entender las perspectivas y los intereses de los demás; vamos a tomar decisiones y a seguir adelante con ellas, sin hacernos ilusiones de que todo será perfecto: sabemos que no alcanzaremos ideales de perfección, sabemos que siempre habrá un grado de pérdida, sabemos que algo tendremos que dejar atrás, y sabemos que nuestro curso de acción, incluso en el mejor de los casos, va a estar ligeramente por debajo de las posibilidades totales de solución de los problemas. Así es el mundo de lo práctico, así es el mundo de las soluciones efectivas. Muy diferente a aquel mundo, elitista, por cierto, de quien sale de un salón de clase hacia una corte de justicia con un libro de seiscientas páginas bajo el brazo, pretendiendo que este contiene la solución a todos los problemas.

Claves pragmáticas

1. La virtud primordial de cualquier sistema es su funcionalidad, o sea, su capacidad de cumplir con sus propósitos.

2. Esto vale para los sistemas de organización social y política, que ante todo son herramientas al servicio de necesidades y objetivos humanos.

3. La justicia es importante como marco, pero no nos puede hacer perder de vista la importancia de que los sistemas funcionen.

I 4

Un breve encuentro
con Bernard Mandeville

Quienes tienen afición por la teoría política tal vez hayan encontrado en lo que hemos venido diciendo un eco de las ideas de un personaje poco conocido llamado Bernard Mandeville, quien en 1705 publicó un misterioso poema titulado *La colmena malhumorada, o los pícaros se vuelven honestos*. El poema fue incluido nueve años después como pieza inicial de un libro del mismo autor que se titulaba *La fábula de las abejas, o también, vicios privados y beneficios públicos*. No estoy seguro de que las ideas que hemos conversado coincidan con las de estos dos peculiares textos, pero nada perdemos con mirar.

Mandeville nació en Róterdam en 1670; esta ciudad hacía parte de la esplendorosa república holandesa, que fue pionera de la libertad de pensamiento y del desarrollo del capitalismo moderno. Se graduó como médico y se fue a vivir a Inglaterra, donde gozó de éxito profesional y personal, siendo respetado como científico y como intelectual. Murió a los sesenta y dos años en 1973. Su *Fábula de las abejas*, aun cuando aparentemente fue compuesta a modo de sátira de sucesos políticos de su época, terminó teniendo un fuerte impacto en el ámbito de la filosofía moral y de la teoría económica.

La fábula describe una colmena llena de abejas "que vivían en el lujo y la comodidad". Una próspera y rica comunidad cuyos miembros, por otra parte, no pensaban más que en su propio lujo y en su propio enriquecimiento; abejas codiciosas al máximo, que no daban importancia ninguna a lo que ordinariamente se consideraría virtud: solo les importaba enriquecerse. Pero esa era, recordemos, una colmena próspera y afluente, en la cual aquella especie de perversidad moral de sus integrantes era paralela a un gran bienestar comunitario: "Así, cada parte llena de vicio / más en el todo un paraíso". Lo que Mandeville a la usanza de la época llama vicio, es decir, la falta de virtudes, era en esta colmena la fuente de la prosperidad: la ambición dio lugar al ingenio, que a su vez unido con la industriosidad produjo una gran riqueza y esplendor que era envidia de todas las otras colmenas. La indignación moral, en determinado momento, les lleva a un cambio de vida, a cambiar su ambición desmedida por la más pura y admirable virtud. ¿El resultado? La colmena se empobrece, su esplendor desaparece, sus riquezas se esfuman y las abejas terminan yéndose a vivir al tronco hueco de un árbol.

Si bien es posible que Mandeville haya compuesto estos versos solo con el ánimo de hacer sátira de sucesos y personajes del momento, la verdad es que al hacerlo dejó sembrada una idea que en adelante daría mucho qué hablar: la idea de que la búsqueda del beneficio personal puede producir un beneficio colectivo.

La fábula de Mandeville fue en su tiempo muy fuertemente combatida por uno de los grandes filósofos del siglo XVIII, Adam Smith, considerado padre de la teoría económica moderna; esto puede sorprender a quienes hayan oído decir que en *La riqueza de las naciones* de Adam Smith la misma idea está presente, la de que la búsqueda del provecho individual produce un beneficio colectivo. Smith, sin embargo, quería ser muy enfático en aclarar que su concepto de búsqueda del beneficio personal no implicaba ni condonaba el vicio o la ausencia de virtud moral. Él, al fin y al cabo, era también un importante filósofo moral, y fue uno de los primeros en hacer una teoría sobre la naturaleza y el origen de los juicios morales; seguramente el lenguaje de Mandeville, en el cual la perversidad y el vicio se celebran como fuente de riqueza, le resultaba chocante. Pero el valor de Mandeville vino a ser rescatado en el siglo XX por dos pensadores que, curiosamente, estaban muy enfrentados en sus teorías económicas: John Maynard Keynes y F. A. Hayek. Este último vio en Mandeville una especie de precursor de sus teorías, de acuerdo con las cuales la sociedad funciona mediante múltiples relaciones en las cuales la búsqueda individual de provecho o de satisfacción de necesidades es el motor y el incentivo principal: así como la prosperidad de la colmena emerge como producto de las acciones industriosas de esas abejas llenas de ambición, en las teorías de Hayek el tejido de la sociedad está hecho de millones de relaciones entre individuos que persiguen cada uno sus fines. Keynes, por otro lado, vio a Mandeville como precursor de su idea de que, a nivel macro (como diríamos hoy), la demanda y el gasto son el verdadero motor de la economía: cuando las abejas viven en el lujo y la extravagancia la colmena es próspera, pero cuando se vuelven virtuosas, esa virtud les lleva a ser austeras, conservadoras y ahorradoras, y su prosperidad se viene abajo. En efecto, en la teoría keynesiana el ahorro, que suele ser visto como una virtud moral individual, causa un grave perjuicio colectivo porque reduce el consumo y la demanda: "… cada vez que usted se ahorra un chelín deja a un hombre sin empleo por un día", había escrito Keynes en uno de sus *Ensayos de persuasión*.

Naturalmente hay mucho en el lenguaje de Mandeville que resulta difícil de aceptar (aunque sus versos son muy graciosos e ingeniosos), pero yo no puedo evitar ver allí también una expresión de la idea de que el bienestar se origina en criterios prácticos y no en ideales morales. Si hay algo valioso en el poema de Mandeville, en mi opinión, es la idea que ya habíamos comentado de cómo la moral, cuando se vuelve invasiva y reemplaza los criterios que deberían guiar la orientación práctica de las acciones, puede terminar impidiendo el hallazgo efectivo de soluciones y la resolución eficaz de problemas concretos. Y claro, muy profundamente —como se dice ahora, en el subtexto— en el poema de Mandeville está la idea de que lo primordial de un sistema de organización social y de los principios que lo rigen es su funcionalidad, es su capacidad de producir resultados.

15

¿POR QUÉ EL CAPITALISMO FUNCIONA?

Porque es práctico. No porque sea un paradigma de excelencia ética. No porque se ajuste literalmente a un ideal filosófico de justicia. No porque carezca de manifestaciones y efectos secundarios problemáticos. No porque concuerde con un ideal de perfección, sino porque es práctico, y ese carácter práctico se resume en cuatro cosas.

La primera es que el capitalismo facilita las relaciones humanas en vez de reglamentarlas. La mejor manera de apreciar esto es verlo en contraste con las teorías de la justicia, o con aquellos enfoques de la organización social y económica que se edifican a partir de teorías de la justicia. En estos enfoques se pretende decir, en ocasiones hasta en el más mínimo detalle, cómo deben ser las relaciones humanas: se pretende incluso decir cuáles son los objetivos que debemos y no debemos buscar en esas relaciones, y el único criterio que se tiene en cuenta en ese ejercicio de diseño es que la realidad se ajuste a los valores o a los conceptos de justicia presentes en la teoría. El capitalismo, a diferencia de lo anterior, abre la puerta y el espacio a las relaciones humanas. No pretende decir cuáles deben ser los objetivos de esas relaciones y, de hecho, hay en él una asunción implícita de que cada persona puede tener diferentes objetivos, y que esos objetivos pueden ser diferentes en diferentes momentos, y que no existe ningún parámetro para juzgarlos y decir cuáles son los objetivos que corresponden con el ideal de excelencia ética. Porque además, como todos hemos experimentado, incluso numerosas veces cualquier día de nuestra vida, la mayoría de los objetivos que buscamos satisfacer en nuestras relaciones con otros son sencillos, prosaicos y prácticos; no necesariamente son ideales grandiosos. Tengo sed, tengo hambre, debo terminar un trabajo o presentar un informe, o quiero esta prenda de vestir que me gustó. O quiero vender o proveer las cosas que satisfacen esas necesidades. Y así sucede, multiplicado además por varias veces en nuestra vivencia diaria, y por miles de millones de veces en la vivencia cotidiana de las sociedades. Un error implícito en el enfoque de las teorías de la justicia es el de ignorar este carácter simple y sencillo que tienen la mayoría de nuestras relaciones, y pretender que cada ser humano, en cada movimiento, debe hacer un cálculo informado por centenares de páginas de razonamientos filosóficos. A veces solo tenemos sed y queremos una Coca-Cola. A veces solo tenemos hambre y queremos almorzar. El capitalismo tiene la gran virtud de no estar derivado de una teoría de la justicia sino simplemente del fluir de decenas, miles y millones de pequeñas necesidades prácticas, y de las relaciones que se establecen para satisfacerlas. Y tiene la virtud de abrirles la puerta, y permitir así que en esos miles de millones de pequeñas y simples interacciones se vaya construyendo un tejido que se llama sociedad. ¿Que es acaso perfecto? Claramente no. Es mucho mejor, sin embargo, a lo que suele sobrevenir cuando, en lugar de lo práctico, nos empeñamos en lo perfecto, y cuando rechazamos lo simple y bueno porque no surge de ideales filosóficos de justicia y perfección.

El capitalismo funciona, también, porque su mecanismo por excelencia es el intercambio. Aquí no vamos a caer en idealizaciones que no solo son absurdas sino que son innecesarias: vamos a reconocer, por supuesto, que muchas cosas salen mal en un mundo basado en intercambios. No vamos a ignorar que existen la estafa y el fraude, no vamos a ignorar que existen la fuerza, la colusión y el abuso de poder. Ni vamos a caer en la falacia libertaria de hacer de esto una teoría de la justicia: aquí nos vamos a mantener en nuestro carril pragmático para sostener que lo bueno del intercambio es que funciona. Y sobre todo, que funciona mejor que cualquier método conocido que pretenda competirle: basta imaginar una sociedad en la que, cada mañana, una autoridad definiera con exactitud qué voy a comprar ese día y a quién. Incluso con todo el poder computacional de que pudiera disponerse, muy probablemente un sistema así estaría lleno de fallas, para no mencionar la asfixiante tiranía a la que nos someteríamos si cada una de nuestras acciones estuviera determinada por una especie de inteligencia superior dotada de autoridad coercitiva: los intercambios son, en ese sentido, también una manifestación de nuestra libertad, pues son el ejercicio de nuestras decisiones. ¿Perfecto? Claro que no. ¿Condicionado por nuestras necesidades? Claro que sí. ¿Limitado por nuestras posibilidades? Por supuesto, bienvenidos al mundo real: solo en un mundo ideal e inexistente las relaciones están desligadas de las necesidades humanas, y se ejercen libres de cualquier limitación material. Por vendernos un mundo así, que no existe ni puede existir, han querido destruir el que sí existe.

El capitalismo es práctico, decíamos, porque no hace más que abrir la puerta a que la gente busque sus objetivos y la satisfacción de sus necesidades mediante intercambios, y porque implícitamente sabemos que eso es, en la práctica, superior a toda posibilidad conocida de organización que se base en suprimir el intercambio. Es también, de hecho, una apuesta por la eficiencia práctica, porque incluso si pudiéramos concebir un sistema de inteligencia artificial que pudiera incorporar todas las necesidades y deseos humanos, todos los recursos existentes para su satisfacción, y todos los costos materiales que esto supondría, necesitaría una capacidad computacional, una carga masiva de información y un consumo de energía cuyas dimensiones ni siquiera alcanzamos a imaginar. El mercado en una economía capitalista lo hace sin que requiera centralizar toda la información, y sin tener que estar rastreándola e incorporándola cada segundo o fracción de segundo, que es lo que toma generar en nosotros un nuevo apetito o una nueva necesidad. Y podría decirse que el capitalismo de mercado resuelve esto con un cierto margen de error: claro que sí y seamos así bienvenidos al mundo del pragmatismo, que es el mundo del margen de error; es el mundo donde preferimos las soluciones reales, efectivas y posibles de alcanzar así ellas tengan un ámbito de imperfección.

Las preferimos a las soluciones presuntamente perfectas, carentes de imprecisión pero irreales.

Otra razón por la cual el capitalismo funciona es porque cambia, y puede cambiar muy rápida y fácilmente. Decíamos unos minutos atrás que, de alguna manera, las teorías de la justicia se paran delante de las relaciones humanas y les dicen cómo tienen que marchar. El capitalismo, por el contrario, se limita a abrirles el espacio y a seguirlas, a andar detrás de ellas, pues son ellas, y no una teoría filosófica o unas doctrinas de libro, las que dan forma a la sociedad. Y como esas relaciones humanas van cambiando de la mano de cambios culturales, tecnológicos, demográficos, geográficos y de muchos otros tipos, es más práctico un modo de organización que se limita a abrirles el espacio para que ellas encuentren sus nuevas posibilidades. Esto, de hecho, ha liberado las posibilidades humanas de creación, de imaginación, de innovación y de solución de problemas; en pocos siglos ha puesto en nuestras manos antibióticos y ha hecho que la muerte de un niño recién nacido, que era un hecho normal para cualquier familia hasta hace pocas décadas, sea hoy un acontecimiento insólito y aterrador. "La burguesía", es decir, la clase social vinculada con el capitalismo según la teoría marxista, "no puede existir sin revolucionar constantemente los instrumentos de producción, y por tanto las relaciones de producción, y con ellas el pleno de las relaciones sociales", dicen Marx y Engels en el *Manifiesto del Partido Comunista*. Es verdad, pero habría que agregar un detalle: esto ocurre, no porque corresponda a un plan, no porque lo decida una autoridad, no porque lo dictamine un profeta, sino porque simplemente ocurre: porque las puertas están abiertas para que ocurra. Marx y Engels, en ese extraordinario texto que acabamos de citar, se asombran de lo que en pocos siglos ha logrado la burguesía capitalista y, sobre todo, del hecho de que ella haya revolucionado todos los órdenes y las jerarquías antiguas y establecidas. Tal vez ese gran potencial creativo y productivo de la humanidad estuvo siempre allí, pero aquellas jerarquías milenarias lo aplastaban.

Y seguro se van a sorprender con el que, en mi concepto, es otro de los atributos del capitalismo que le hace práctico y funcional. Y lo creo porque, normalmente, este mismo atributo es invocado contra el capitalismo como uno de sus defectos. De hecho, recuerdo un debate de la serie Soho Forum que organiza la *Reason Magazine*, en el cual se debatió a favor y en contra del capitalismo. Contra el capitalismo inició hablando Richard D. Wolff, teórico socialista y profesor de la Universidad de Massachusetts en Amherst, quien empezó su inventario de acusaciones con esta: "El capitalismo es inestable". Yo, por el contrario, voy a sostener que esa es una de sus principales virtudes. Y la razón es muy simple: cualquier sistema que cambie, que evolucione, que se adapte a lo nuevo, que pueda corregir sus errores, y que pueda encontrar nuevas fronteras, tiene necesariamente que ser inestable. Si usted quiere estabilidad, lo que necesita son sistemas que mantengan sus características de forma indefinida, y que estén compuestos por estructuras rígidas que sean indiferentes a los cambios del entorno. O peor, sistemas que, ante los cambios del entorno, se empeñen en mantener sus estructuras mediante la fuerza y la coerción. Esa estabilidad, sin embargo, es ilusoria (toda estabilidad lo es): generalmente lo que sucede con esos sistemas es que con el tiempo van acumulando tensiones, van empezando a mostrar fracturas en sus columnas estructurales, y la resistencia a cambiar solo hace que esas tensiones pesen cada vez más y que las fracturas se vayan profundizando. Hasta que un día todo se viene abajo, y el precio de no haber admitido una dosis de inestabilidad es el colapso total del sistema.

Las razones específicas por las cuales el capitalismo es inestable siguen siendo hoy objeto de debate entre diferentes escuelas de pensamiento económico. Si habláramos con alguien de escuela keynesiana, nos diría que la economía se mueve a partir del gasto que hace la gente, y que hay ocasiones en las cuales, principalmente por razones psicológicas, la gente deja de gastar y la economía no solo se viene abajo sino que puede permanecer allá abajo largo tiempo. Si nos cruzáramos con alguien que siga a Böhm-Bawerk y a la escuela austríaca del capital, nos diría que en ocasiones hay señales engañosas que causan que mucha gente invierta demasiado en ciertas actividades que en realidad no tenían una viabilidad de mercado real, y cuando ese hecho se hace patente la economía se viene abajo. Si nos encontráramos con Richard Thaler y Robert Shiller nos hablarían de defectos en la racionalidad de los individuos y de las sociedades, defectos estos que los hacen irse detrás de fenómenos a los que llamamos burbujas especulativas, las cuales algún día se reventarán y la economía se vendrá abajo. Cualquiera sea la razón, es un hecho que el capitalismo experimenta más turbulencias que cualquier otro sistema de organización que conozcamos (aunque, hay que decirlo, ignoramos por opacidad estadística cómo eran los ciclos en los países comunistas). Pero ese hecho, el de la inestabilidad del capitalismo, está ligado de manera estrecha a su capacidad de adaptación, de cambio y de evolución. Tiene que ver con que el sistema pasa por varios estadios y abre nuevos horizontes. De hecho, de cierta manera podría decirse que la inestabilidad es una especie de precio que pagamos por la libertad, tanto a nivel individual como sistémico: a nivel individual, si nuestra vida fuera dirigida por una autoridad superior, posiblemente no habría en ella muchos cambios y sin duda no habría experimentación, y es en la experimentación donde a veces terminan surgiendo los errores, los choques y los fracasos. Pero también es en el cambio y en la experimentación donde encontramos la posibilidad de evolucionar, de encontrar nuevas fronteras, de descubrir que tenemos capacidades que no conocíamos y de hacer cosas que nunca nos habríamos imaginado. De modo que bienvenida la inestabilidad, porque ella hace parte de una vida esencialmente pragmática. La clave de ese buen pragmatismo está en aceptar la inestabilidad, no tratar de suprimirla, sino de aprender a manejar, mitigar y aprovechar sus efectos.

Y es en ese último punto donde encontramos otra de las razones por las cuales el capitalismo es práctico y funcional: la posibilidad de manejar sus efectos. Aquí no vamos a negar, decíamos hace algunos minutos, que el capitalismo a veces produce efectos perniciosos o simplemente difíciles, los cuales pueden ser tantos, tan diferentes y tan cambiantes que sería casi imposible enumerarlos aquí. Esto, visto con los ojos del perfeccionismo ético y filosófico, invitaría a la supresión del capitalismo ya sea total o parcial: sea como sistema o sea en algunos de sus mecanismos de operación. Pero la visión pragmática de las cosas tiene otro camino, que es el de controlar y mitigar esos efectos o, en los casos más graves, suprimir el mecanismo específico que permite que se produzcan. Y podríamos hacer una revisión que vaya de lo mayor a lo menor: el comercio de esclavos hizo parte del capitalismo mundial durante varios siglos (aunque su auge se relacione más con las economías mercantilistas de los siglos XVI y XVII); semejante aberración fue finalmente eliminada por medio del avance de la conciencia ética llevada en algunos casos a medidas de acción muy fuertes y necesarias, lo que muestra que la conciencia ética no es incompatible con el capitalismo y que, como decíamos al hablar de la visión pragmática de la justicia, hay un marco inviolable dentro del cual ocurren las relaciones humanas, y ese marco está constituido por principios y conceptos que son prácticamente absolutos y que no son negociables.

La inestabilidad macroeconómica, que como decíamos es otra característica de las economías capitalistas, ha sido tratada con numerosos instrumentos, los cuales también han ido cambiando y se han ido mejorando con la innovación y la práctica: cosas que van desde la implementación de grandes programas de gasto mediante la construcción de obras públicas, hasta la idea de poner dinero a circular en la economía mediante numerosos mecanismos. Y el capitalismo, o mejor, las sociedades democráticas y liberales que lo adoptan, han mostrado tener la flexibilidad suficiente para hacer adiciones y mejoras que incluso vienen de perspectivas ideológicas o teóricas críticas del capitalismo: por ejemplo, la posibilidad de que haya personas que lleguen a la vejez sin tener un sustento asegurado se ha manejado por la vía de los sistemas de seguridad social, con los cuales también se ha querido garantizar que nadie carezca de acceso a los servicios médicos sin importar cuál sea su capacidad de compra. Son cada vez más y más innovadores, por otra parte, los programas de atención a la población pobre o vulnerable. Y no es nuestra intención afirmar que esos programas son absolutamente eficaces, ni siquiera que esté garantizado que, existiendo la necesidad, ellos se vayan a poner en marcha: ello depende de factores políticos en cada sociedad. Baste, para nuestro propósito, mostrar que uno de los aspectos que hace funcional y práctico al capitalismo es que él admite correcciones, mejoras, y todo tipo de instrumentos colaterales para que podamos disfrutar de sus beneficios y manejar sus efectos difíciles o nocivos en el mayor grado posible.

Si acaso hay un hecho que pone en evidencia el carácter funcional, práctico y adaptativo del capitalismo, es la cantidad de veces que se ha declarado su muerte definitiva. Si usted tiene treinta años, ya ha tenido que atestiguarlo al menos dos veces, en la crisis financiera de 2008 y en la pandemia del covid, en la que por cierto tal idea fue proclamada por el filósofo *showman* Slavoj Žižek. Pero han sido muchas más las ocasiones en que se ha cantado la muerte del capitalismo, no siempre todas ellas relacionadas con eventos de crisis: durante la existencia de la Unión Soviética y el bloque socialista, por ejemplo, fue un lugar común entre académicos e intelectuales de Occidente declarar la superioridad de ese sistema sobre el capitalismo, en general por verlo como un sistema más estable y dotado de una capacidad productiva capaz de rivalizar con la del Occidente capitalista.

Hoy sabemos que al menos lo último no era tal, pero por razones que pueden ir desde la convicción sincera hasta la presión de grupo e incluso cierto exhibicionismo, este fue un tópico en el que cayeron economistas de la talla de John Kenneth Galbraith y Paul Samuelson.

Hay diferentes escuelas teóricas que han pronosticado el colapso del capitalismo, por supuesto la más famosa de ellas es el marxismo pero no es la única. En la filosofía marxista, sería el propio capitalismo el que en su proceso de desarrollo iría produciendo los factores que lo llevarían a su colapso, y este evento era visto como una especie de destino inexorable al cual arribaría la historia; esto por cuenta de aquella raíz hegeliana del marxismo que le condicionaba a ver las cosas como procesos históricos dirigidos a un punto de llegada. Es por supuesto fácil escapar a la responsabilidad cuando este tipo de pronósticos no se cumple, pues uno siempre puede alegar que ese destino llegará pero todavía no ha llegado. La verdad es que, así como los primeros cristianos que creían que la Segunda Venida de Cristo ocurriría en el lapso de sus vidas y que ellos vivirían para verla, lo mismo han creído casi todos los marxistas de las primeras generaciones y de las subsiguientes. Y el pronóstico se actualiza y se refina, pues incorpora en él nuevos elementos y haciendo grandes esfuerzos para hacer pasar a Marx como profeta de toda situación crítica del capitalismo, actual o futura, aun cuando jamás la hubiera mencionado o la hubiera considerado (hoy lo promueven, por ejemplo, como profeta de la crisis ambiental). Cosa que me recuerda el comentario que le oí en una entrevista al filósofo (pragmatista) Richard Rorty, según el cual en ciertos círculos intelectuales hay una especie de obligación de encontrar algo correcto en los escritos de Marx, así sea en los de juventud.

Con esta reflexión no pretendo afirmar, por supuesto, que el capitalismo va a ser eterno. De hecho, una de las realidades más propias del enfoque pragmático de las cosas es la de que todos los sistemas eventualmente se agotan. Por ahora, sin embargo, las características que hemos revisado han hecho del capitalismo un sistema práctico, adaptable y funcional. Y eso es bastante.

Claves pragmáticas

1. Son mejores los sistemas que permiten el flujo de las relaciones y los intercambios a aquellos que los reglamentan o dirigen.

2. Toda solución real y efectiva tiene un margen de error o está por debajo del óptimo, pero esto es preferible a un óptimo inexistente.

3. Hay que reconciliarse con la inestabilidad, pues ella es necesaria si queremos sistemas que cambien a medida que las realidades cambian. Hagamos las paces con la inestabilidad.

16

"Gobernar es un asunto muy difícil"

Hay pocos ámbitos en los que las virtudes del pragmatismo se pueden apreciar tan claramente como en el arte de gobernar. Y es allí, también, donde se pueden apreciar con mayor severidad y crudeza las consecuencias de renunciar al pragmatismo. Es algo muy simple: en el arte del gobierno el pragmatismo significa ser capaces de lograr cosas, y renunciar al pragmatismo implica también renunciar a hacerlo. Pero ¿por qué habría alguien de renunciar a la capacidad de alcanzar logros? Como veremos, el mundo de la política es complejo y en él las tentaciones y los incentivos pueden ser muy engañosos y perversos.

La peculiaridad que tiene el ámbito del gobierno y la política es mucho más fácil de apreciar si se contrasta con el mundo de los proyectos y los negocios privados. En ese mundo, por excelencia, se impone el pragmatismo, básicamente porque la supervivencia depende de la capacidad de lograr cosas concretas.

El intercambio, instrumento pragmático por excelencia, procede en el mundo privado de manera casi natural, y las cosas que se intercambian no suelen ir rodeadas de misterio moral, de modo que allí es relativamente fácil hacer renuncias en virtud de obtener cosas: el valor de las renuncias es fácil de estimar en términos del valor de lo que se busca y se espera obtener. En el mundo de la acción privada, además, nadie cuestiona la importancia del *compromise* y de la negociación, pues al ser un mundo basado en el intercambio es claro y obvio que ellos son sus mecanismos esenciales. Como si esto no fuera suficiente, en el ámbito privado se aprende mucho más fácil a aceptar resultados que estén por debajo del óptimo pero que sean concretos, tangibles, reales y apreciables, y esto es verdad incluso si se trabaja con la tenacidad propia de quien busca el resultado óptimo. Se aprende de alguna manera a vivir en la imperfección, siempre y cuando la imperfección sea productiva: se trabaja de manera muy fuerte por lograr resultados, pero el no obtener la totalidad de ellos no obsta para apreciar, celebrar y sobre todo capitalizar lo que sí se logró. Es un mundo, entonces, volcado vocacionalmente hacia el pragmatismo, y en el cual la idea de que se requiere pragmatismo para lograr resultados está escrita con claridad por todas partes.

No es así en el mundo de la política y del gobierno, y no lo es fundamentalmente por una razón, y es que en política casi todo está, de manera más o menos fuerte, vinculado con posiciones de principio, con premisas doctrinarias o con emociones muy profundas como el miedo y la esperanza. Por ello en este ámbito existen incentivos que tientan a los gobernantes y a los políticos a actuar de manera vertical e intransigente, rechazando toda posibilidad de negociación y de *compromise*.

Veámoslo de esta manera: un actor del mundo político tiene en principio dos maneras de ganar reconocimiento y aplauso; la primera es mediante la obtención de logros que sean valorados y apreciados; la segunda consiste en declarar y, sobre todo, exhibir la fidelidad absoluta y total a un cierto conjunto de premisas doctrinarias o mostrar una fuerte solidaridad con las emociones de la gente. Y si cada actor somete este dilema a un frío análisis de costo y beneficio puede fácilmente llegar a una conclusión problemática: la primera alternativa, la de los logros efectivos, implica esfuerzos, es difícil, y es riesgosa pues muchas veces ni siquiera depende de los esfuerzos que uno haga, y tienen que darse muchos otros elementos incluso aleatorios (la famosa *fortuna*). En cambio la segunda alternativa, la de declarar y exhibir una posición moral y de principios, no es tan difícil, no exige tantos esfuerzos humanos y materiales y es de hecho una apuesta más segura: basta con tener sentido de la oportunidad y de la comunicación. Sentido de la oportunidad, para identificar el momento y la circunstancia en los cuales la audiencia va a premiar más esa posición de principio; y sentido de la comunicación, para revestir esa acción del mayor ropaje de dignidad e integridad posible. Así, en todo momento, hay en las democracias (y a decir verdad en muchos otros sistemas políticos) la tentación permanente a no ceder, a no negociar y a no involucrarse en esfuerzos concretos y materiales aunque ello signifique que las cosas no van a hacerse, que los problemas no van a solucionarse y que los avances no se van a dar. Y hay esta tentación porque se busca o se prefiere la aprobación y la admiración moral. Y funciona. Lamentablemente funciona para el actor político individual, a quien le produce réditos de corto plazo. Apostar por la aprobación moral siempre será una apuesta más atractiva que la de ir por el trabajo concreto: esta última, como decíamos, está llena de riesgos, de trampas y de posibilidades de que las cosas salgan mal, aun si es por obra del clima, de la naturaleza o del azar. Y puesto que en todo empeño humano concreto siempre sin excepción algo sale mal, o la realidad se desvía del plan, o las cosas cuestan más de lo pensado, quien elige el camino del trabajo efectivo está siempre a merced del ataque de rivales oportunistas y del juicio de la opinión pública que no tolera la más mínima imperfección, aun cuando la imperfección es el rasgo esencial de la realidad. Así, construir una carrera política con el recurso de la intransigencia y del rechazo al pragmatismo, sea esto permanente u ocasional, es siempre una opción llamativa. Recuerdo, en la historia reciente de mi país, el caso de un político públicamente conocido por su intransigencia vertical, y por estar siempre listo a denunciar los errores en lo que hacían todos los Gobiernos; su intransigencia era tan reconocida que de manera satírica se le llamaba el "Doctor No". Y el Doctor No fue durante varias décadas elegido en encuestas de opinión como el mejor senador de Colombia. Porque la opinión pública valora y admira la verticalidad moral, así ella sea estéril y no produzca nada.

Esa descripción de incentivos, sin embargo, no debería llevarnos necesariamente al fatalismo. Hay muchos casos en los que la opción por la ruta pragmática es real, y en este punto del recorrido nos vamos a encontrar con un hombre muy elegante y muy bien vestido llamado James Baker, o, más exactamente, James Addison Baker III.

Pese a que, según su propio testimonio, el consejo de su abuelo fue "trabaja duro, estudia y mantente lejos de la política", este hombre, nacido en Houston (Texas) en 1930 en una familia adinerada, terminó dedicando casi toda su vida al servicio público desde diferentes posiciones. Y la razón por la que hablaremos de él en esta parte del recorrido es porque Baker, casi como ningún otro, es recordado como un hombre que no solo era pragmático él mismo, sino que ayudó a los gobernantes para quienes trabajó a mantenerse en el carril del pragmatismo, y esto es especialmente meritorio en un país como Estados Unidos donde la opinión pública es fuerte y combativa, y donde los incentivos para el exhibicionismo moral en política son grandes.

Baker, en particular, jugó este papel de ser la fuerza que pujaba por el pragmatismo durante una de las administraciones que, para los efectos de esta discusión, resultan más interesantes en la historia reciente de Estados Unidos, la de Ronald Reagan, quien gobernó dos periodos desde 1981 hasta 1989. Y su caso es en particular relevante porque Reagan llegó a la presidencia empujado, en parte, por sectores muy fuertemente doctrinarios de su Partido Republicano, los cuales, como es natural, esperaban que, al llegar al Gobierno, adoptara sus posturas intransigentes y respaldara sus apuestas ideológicas. Pero Reagan más que un hombre doctrinario era un comunicador sin igual: no estaba de corazón comprometido con esta agenda, aun cuando de manera personal simpatizara con ella en algunas cosas. Vino entonces una tensión que duró ocho años entre doctrinarios y pragmáticos, liderados estos últimos por Baker. A su favor, los pragmáticos contaban con el hecho de que, por temperamento personal, Reagan era un buen negociador y un hombre capaz de tender puentes, siendo el mejor testimonio de ello la estrecha amistad que mantuvo con Tip O'Neill, el líder de los demócratas en el Congreso, y en ese sentido el jefe de la oposición a Reagan. Dicen los testimonios que al atardecer, pasado ya un día cualquiera de fuertes enfrentamientos políticos, ambos hombres, que compartían el origen irlandés, se sentaban de forma afectuosa a compartir un whisky en la Casa Blanca. Pero no fue fácil: contra esta inclinación pragmática jugaba un factor, que era la existencia de aquella ala fuertemente doctrinaria dentro del Partido Republicano y del propio Gobierno de Reagan. El trabajo de mantener la línea pragmática recayó sobre Baker, quien entre 1981 y 1985 ocupó el cargo de jefe de Gabinete (Chief of Staff), que en el sistema político estadounidense constituye, en la práctica, la segunda autoridad ejecutiva después del Presidente, pues es quien controla y supervisa el funcionamiento del Gobierno.

Baker, dicen sus biógrafos Susan Glasser y Peter Baker, era arquetipo de un estilo que se enfocaba en "el *compromise* por encima de la confrontación, la negociación por encima del desacuerdo, y el pragmatismo por encima del purismo". Baker, mientras el asunto estuvo en sus manos, logró mantener a Reagan en la línea del pragmatismo, a la vez que los ideólogos de su partido y de su gobierno trataban de empujar al presidente a que tomara medidas radicales que seguramente le habrían ocasionado fuertes rupturas con los demás sectores políticos del país, y esto, a su vez, le habría impedido tener logros efectivos en materia de gobierno y de legislación. Esto fue para Baker un trabajo agotador, pues de cierta manera implicaba ejercer una vigilancia permanente sobre Reagan: "La insistencia de Baker en tener control de la agenda tuvo también el efecto de permitirle enredar o despachar las promesas de campaña más extremas, imprácticas o divisivas, como la de abolir el Departamento de Educación o prohibir el aborto", dicen Glasser y Baker, añadiendo que James Baker "no veía más que peligros en que el presidente se involucrara en batallas ideológicas quijotescas". Tal grado de control implicaba, por ejemplo, tratar de filtrar las influencias que llegaban a oídos del presidente: "Se aseguró de que el ejemplar que le llegaba al presidente de *Human Events*, una revista conservadora, se extraviara para impedir que a Reagan se le metiera alguna idea loca en su cabeza". Algunas de esas ideas, como la abolición del Departamento de Educación, vinieron a resucitar cuatro décadas después en la era de Trump; no en vano, el desvanecimiento del espíritu de *compromise* es una fractura claramente diagnosticada de la política estadounidense actual.

El hombre que sabía manejar Washington

The Man who Ran Washington (Anchor, 2020) es la extraordinaria biografía de James Baker escrita por los periodistas Susan Glasser y Peter Baker (que además son esposos). El carácter pragmático de Baker es una especie de constante a través de toda la narración, que es ilustrada con los múltiples episodios de la política estadounidense de las últimas tres décadas del siglo XX. No en vano Baker fue igualmente famoso por su pragmatismo como por su eficacia. Alguna conexión debe existir entre ambas cosas.

El balance de la administración Reagan muestra ambas caras. Primordialmente la pragmática, que fue la que le permitió cosechar numerosos éxitos durante su administración, varios de ellos supremamente ambiciosos. Pero también pudimos ver la otra cara en las ocasiones en las que, estando bajas las defensas, penetraron los influjos doctrinarios: el peor caso tal vez es el llamado escándalo Irán-Contras, cuando se descubrió que una red de funcionarios de su administración había establecido un sistema de venta de armas a Irán, cuyo propósito era financiar con ese dinero a la insurgencia antisandinista de Nicaragua, los llamados "contras". Esta descabellada aventura fue concebida por un sector ideológico radical de la administración Reagan y estuvo a punto de descarrilar a todo el Gobierno.

En balance, la administración Reagan resultó ser una de las más eficaces en la historia reciente en cuanto al logro de objetivos. No todo el mundo, claro está, concordará con los objetivos, pero para efectos de nuestro análisis es un hecho que tal eficacia fue alta, y que en buena medida se debió a la capacidad de Reagan de mantenerse en una línea pragmática: "El secreto del éxito de Reagan no se basó en que él representara una ortodoxia conservadora inmutable", dice el historiador político Jacob Heilbrunn en un ensayo publicado en el *New York Times* (30 de agosto de 2004): "Lejos de ser un cruzado inflexible, Reagan exhibió una inclinación pragmática que muchas veces sorprendió a sus partidarios más ideológicos", dice el historiador en este ensayo muy felizmente titulado "Al discutir sobre el legado de Reagan los conservadores eclipsan aquello que lo hizo tan exitoso".

Curiosamente, si pensamos en el *compromise* en el mundo de la política y el gobierno, no es el radicalismo por sí mismo el que tiene vocación de bloquearlo e impedirlo: el problema verdadero es el purismo. Ser radical no implica ser intransigente, y muchas personas que ideológicamente lo son, tienen la capacidad de negociar a la hora de las decisiones prácticas. El verdadero enemigo del *compromise* en política, y en esa medida de la posibilidad de alcanzar logros, es el purismo, la idea de que, cualquiera sean mis principios, es absolutamente inconcebible ceder en parte de ellos, y toda concesión es en esencia una traición. El purismo no es exclusivo de los sectores radicales; de hecho, se le ve tal vez con más frecuencia hoy en sectores que se denominan centristas y moderados, pero cuyo centrismo radica en una idea de excepcionalidad moral que hace imposible siquiera a veces conversar con los demás. Y el *compromise*, como dicen Amy Gutmann y Dennis Thomson, "es usualmente una mezcla de principios contradictorios que molesta a los puristas de todos los lados". Es el purismo, es el creer que toda concesión es una traición, el verdadero obstáculo al pragmatismo político, más incluso que los radicalismos.

El espíritu del *compromise*

El libro *The Spirit of Compromise* (Princeton University Press, 2014) de Amy Guttman y Dennis Thomson es una de las mejores exploraciones sobre las dificultades y las dimensiones del *compromise* en las democracias. Todo parte, claro, del hecho de que en las democracias hay dos momentos: para hacer campaña es mejor ser inflexible, pero para gobernar es mejor el pragmatismo.

Por esta razón, entre otras, he creído desde hace un tiempo que la llamada polarización política de las sociedades contemporáneas es un problema un tanto sobreestimado: lo que hace daño a una sociedad no es que las posiciones sean distantes, ni que estén enfrentadas, ni que los términos de tal enfrentamiento sean vehementes. Lo que hace daño a una sociedad, porque la paraliza, es que los actores del mundo político sean incapaces de ceder para llegar a acuerdos. Y nos perdemos entonces detrás de espejismos como el del "terreno común", es decir, la idea de que, para gobernar, los diferentes sectores deben encontrar aquellos puntos en los que están de acuerdo. ¿Y si no encuentran ninguno? ¿Está entonces la sociedad condenada a que no haya gobierno posible? Lo que los diferentes sectores tienen que encontrar son fórmulas pragmáticas para sacar adelante las iniciativas que la sociedad necesita y para resolver los problemas concretos que ella tiene, y tienen que ser capaces de hacerlo incluso si entre ellos no hay terreno común. No es imposible: basta tener capacidad de negociar, y basta valorar los resultados y las soluciones concretas por encima del purismo de la doctrina (purismo que hoy a veces vemos más en los sectores moderados).

Al fin y al cabo, de lo que se trata todo esto es de resolver problemas. De actuar concretamente en busca de soluciones. Y para ello hay que trabajar el doble de duro, pues otra realidad del mundo político es que, por cuenta de todas las dificultades que hemos enumerado, lograr cosas concretas es particularmente difícil. Así, resuena hoy la frase que el político y escritor británico George Cornwall Lewis le dijo a William Gladstone, entonces apenas un joven que luego llegaría a ser un gran líder: "Gobernar es un asunto muy difícil. Toca contentarse con resultados muy insatisfactorios".

17

TODO ES FALSO, PERO ALGUNAS COSAS SON ÚTILES (UN APRETÓN DE MANOS CON G. E. MOORE)

En este punto del recorrido vamos a saludar a G. E. Moore y, cómo no, lo vamos a hacer con un apretón de manos.

Les presento a George Edward Moore, un filósofo inglés nacido en Londres en 1873 que obtuvo su educación en la Universidad de Cambridge y perteneció a ella como profesor hasta su retiro en 1939. Moore fue, ante todo, el gran amigo y socio de Bertrand Russell en la ruptura que ambos protagonizaron a principios del siglo xx, cuando se rebelaron contra las tesis idealistas y hegelianas que eran casi consenso absoluto entre los profesores de su facultad y entre los académicos de la época. Moore se haría famoso por dos cosas. La primera es su trabajo sobre filosofía moral condensado en su libro *Principia Ethica*, en el cual defiende la idea de que existen conceptos morales objetivos no dependientes de otras creencias como las religiosas.

Este libro tuvo un enorme impacto en el medio intelectual de su época: desde John Maynard Keynes hasta Virginia Woolf y sus amigos del círculo literario de Bloomsbury afirmaron haber leído y haber sido impactados de una u otra manera por este texto. La segunda razón que hizo a Moore famoso fue una charla que pronunció en 1939 en la Academia Británica, y la cual dio origen al que tal vez es el más famoso de sus textos, un artículo de apenas tres páginas titulado "Prueba de un mundo exterior".

¿A qué se refiere este texto, cuyo título nos puede causar algo de sorpresa? Para entenderlo, recordemos la mención que hacíamos de René Descartes en uno de los primeros capítulos de este libro, y recordemos que sus preguntas dieron lugar al que tal vez fue el problema más serio de la filosofía moderna, es decir aquella que más o menos va de los siglos XVII a XIX. Recordemos que Descartes, en ese texto de 1641 titulado *Meditaciones sobre la filosofía primera*, se hace el propósito de no aceptar como conocimiento todo aquello que pueda razonablemente ser puesto en duda, y construir en cambio un conocimiento sobre bases sólidas, sobre lo que llamaríamos verdaderos fundamentos. Para hacer esto, veíamos antes, Descartes puso bajo examen las cosas que sabía o creía saber para ver si ellas resistían la prueba de la duda. Y al reflexionar sobre su conocimiento del mundo exterior, se dio cuenta de que aquellas sensaciones que por la vía de la percepción constituyen ese conocimiento, como lo que vemos, oímos y tocamos, son similares e indistinguibles de las que a veces recibo en sueños, en los cuales también oímos, vemos y tocamos cosas. ¿Qué o quién me garantiza, entonces, que aquello que creo saber sobre el mundo exterior no es más que un sueño, o una ilusión similar? A partir de ese momento quedó sembrado en la filosofía de Occidente el problema de demostrar que sí existe aquel mundo exterior, un mundo que existe por fuera de nuestra mente y al cual se refiere el conocimiento que tenemos o creemos tener. Causa curiosidad que este problema, que uno creería está ya superado en el día de hoy, reaparece cada cierto tiempo: por ejemplo lo veo reaparecer en nuestros días con la pregunta de si se puede demostrar que no vivimos dentro de una simulación computarizada o algo similar. Estamos, entonces, ante un problema que no desaparece, y que, desde el momento de la historia en el que se para G. E. Moore, es visto como el problema central de la filosofía moderna.

Como ya el título nos sugiere, Moore en su breve artículo afirmará haber encontrado la demostración, la prueba, la evidencia de que sí existe un mundo exterior al cual corresponde nuestro conocimiento. Porque para demostrar esto lo único que se necesitaría hacer es demostrar que existen objetos que son independientes de lo que está en mi mente, es decir que objetivamente existen. Tras siglos de grandes tratados llenos de especulaciones, de centenares y centenares de páginas, de cosas que van desde los argumentos cartesianos para reconstruir el conocimiento a partir de la existencia de Dios, hasta los argumentos trascendentales de Kant para refutar el idealismo (o sea, la tesis de que la realidad está en nuestra mente), la respuesta de Moore es esta: "Puedo demostrar, por ejemplo, que existen dos manos humanas. ¿Cómo? Levantando mis dos manos y diciendo, mientras hago un cierto gesto con la mano derecha, 'aquí hay una mano', y añadiendo, mientras hago un gesto con la izquierda, 'y aquí hay otra'". La primera vez que leí este texto lo sentí como una revelación, como una especie de relámpago en la oscuridad.

Recuerdo haberlo leído por primera vez precisamente en una clase sobre Descartes con el mejor profesor que tuve en toda mi vida, el gran Jorge Aurelio Díaz (cuya traducción de Descartes ya recomendamos). Y lo leímos, por supuesto, en el contexto del desafío cartesiano a nuestro conocimiento del mundo exterior, y sobre todo, de su llamado a que encontráramos fundamentos fuertes y sólidos para dicho conocimiento. Ante tal desafío, por supuesto, el argumento de Moore claramente parece insatisfactorio, y recuerdo al profesor Jorge Aurelio decir que le parecía un argumento estúpido. Recuerdo también sentir una ansiedad muy grande porque a mí no me lo parecía: yo veía en el argumento de Moore no solo la respuesta correcta sino, de hecho, la única que se puede dar a ese desafío cartesiano: la respuesta es que para dicho desafío no hay respuesta posible, y que de hecho podemos vivir perfectamente bien sin tener que responderlo. Me pareció un llamado a aterrizar. Me pareció un llamado muy valiente y muy bienvenido a que la filosofía abandonara aquello que hasta entonces había sido su principal preocupación y su tarea central, a saber, la búsqueda de fundamentos, la fundamentación inquebrantable de lo que creemos saber y de cómo debemos actuar. Y a vivir bien así. Y a hacerlo porque ello es, ante todo, una opción pragmática.

En la historia canónica de la filosofía Moore no hace parte del pragmatismo, de aquella tradición que mencionamos antes y que vinculamos con nombres como William James y C. S.

Peirce. Sin embargo, en mi lectura personal de su texto (tal vez demasiado personal), yo no podía evitar ver allí un llamado a un cierto pragmatismo, aun si los argumentos no coincidían exactamente con el tipo de razones que uno encontraría en autores como James y Peirce. Se me ocurrió decirlo varios años después en un seminario de epistemología con otro excelente profesor, William Duica, cuya cara de sorpresa no olvido mientras decía "¡¿Moore pragmatista?!". Y sí, estamos de acuerdo y lo repito: en el ordenamiento canónico de las escuelas y tradiciones filosóficas Moore no aparece dentro del pragmatismo, ni su formación ni sus argumentos son los típicos de aquel grupo de pensadores. Pero insisto en que no puedo evitar ver un llamado, una especie de declaración pragmática, cuando Moore dice, palabras más palabras menos, que para el tipo de desafío que la filosofía moderna había planteado en cuanto a la existencia de las cosas exteriores no existe respuesta posible: no hay respuesta alguna que pueda dejar cerrado el tema de manera plena y satisfactoria. "Tengo completamente claro —dice Moore— que, pese a todo lo que he dicho, muchos filósofos sentirán que no he dado una respuesta satisfactoria al punto en cuestión". Cierto. Muchos, como mi profesor Jorge Aurelio, no encontraban convincente que ante la pregunta de si existen cosas exteriores alguien se limitara a mostrar sus manos. Porque la demostración que demandan, "por supuesto, no la he dado, y no creo que pueda darse", dice Moore. Él no da una respuesta a la pregunta de cuáles son los fundamentos, sino que afirma que no hay respuesta posible a esa pregunta, y sobre todo, asevera que no necesitamos responderla.

Y no necesitamos responderla porque hay cosas que podemos asumir como supuestos pragmáticos. Uno de ellos, por excelencia, es que el conocimiento que tenemos del mundo exterior efectivamente se refiere a una realidad que hay allí afuera, aun si esa correspondencia es imperfecta, y aun si está mediada y distorsionada por la física y la biología de la percepción sensorial. Y aun si ese conocimiento, es decir, aun si las teorías formales o informales que los humanos construimos para entender la realidad, a veces nos fallan y a veces las sustituimos por otras que prueban ser mejores (pero lo prueban en la práctica). El conocimiento no está basado sobre una columnata de mármol sólido, sino sobre una serie de supuestos y nociones pragmáticas que aceptamos por eso, porque son prácticas, porque nos permiten construir teorías que funcionan. La búsqueda de fundamentos indudables, además, parece una especie de laberinto sin fin, de vórtice de nunca acabar, porque si me comprometo con un principio de duda metódica a la manera de Descartes, incluso los fundamentos que me ofrezcan pueden ser sometidos a esa duda. Entonces puedo pedir fundamentos, y después fundamentos de los fundamentos, y fundamentos de los fundamentos de los fundamentos y así en adelante. Eso lo pudo comprobar el propio Descartes cuando, al ofrecer su propia versión de cómo resolver el problema, propuso fundamentos que luego fueron puestos en duda por otros pensadores de la época dando lugar a una especie de crisis de escepticismo filosófico, o sea, de la idea de que en último término es imposible saber nada sobre nada. El escepticismo filosófico, distinto al muy bienvenido escepticismo cotidiano, solo aparece y solo funciona si lo que esperamos obtener para aceptar el conocimiento son fundamentos inquebrantables.

Esto abrió mi mente a uno de los descubrimientos más fascinantes que he experimentado y que, al igual que aquellas palabras de Isaiah Berlin sobre la multiplicidad de los valores y su carácter a veces contradictorio, me puso en el camino hacia el pragmatismo: entender que incluso nociones tan venerables como el conocimiento y la verdad son, en último término, nociones pragmáticas vinculadas a instrumentos prácticos con los cuales buscamos un fin práctico, que es el de hacernos una idea de la realidad. Un fin práctico que por sí mismo es la base de casi todos los demás empeños y esfuerzos prácticos de la vida humana en todas sus dimensiones, pues para cada cosa que hacemos necesitamos primero hacernos una idea de la realidad.

Y para esto no hay mejor ilustración que el constatar el carácter provisional e instrumental que tienen nuestras teorías sobre la realidad. Todos las hacemos, todos armamos aparatos de ideas y conceptos sobre lo que hay allá afuera y lo que ocurre. Pero miremos lo que ocurre con un cierto tipo de teorías que por excelencia son más sofisticadas, las de la ciencia.

Si algo sabemos sobre la ciencia gracias a su historia es que esta no es inmutable ni es infalible. Ni siquiera pretende serlo. Cambia, y cambia todo el tiempo, y no pretende ni puede pretender verdades absolutas. Ya desde 1739 Hume nos había enseñado que la lógica de la ciencia empírica no es demostrativa: no importa cuántas veces vea yo en la naturaleza que a un evento le sigue otro, no puedo de esto inferir necesariamente que en toda ocasión esos eventos van a aparecer encadenados como causa y efecto, no al menos del mismo modo que de los axiomas de la geometría euclidiana puedo, con certeza total, inferir que la suma de los ángulos internos de todo triángulo es igual a dos ángulos rectos (o 180 grados, diríamos hoy). Pero sí puedo, a partir de esa repetición sucesiva de eventos, hacer una especie de inferencia pragmática: es decir, puedo formarme la expectativa razonable de que cuando vea el primer evento veré a continuación el segundo. Es lo más probable, y al ser lo más probable, es mi mejor opción pragmática: no importa que no pueda demostrar de manera absoluta que al primer evento sigue el segundo, lo más razonable y en ese sentido lo más práctico es formarme la expectativa de que así será, y actuar en consecuencia. Dudar de esa sucesión de causas y efectos es filosóficamente posible, pero en la práctica puede ser una mala opción: como dice Hilary Putnam, es válido en la discusión filosófica dudar de la ley de la gravedad, pero quien lo haga en la práctica con seguridad "observará las desventajas de ese punto de vista".

Ya también habíamos aprendido, gracias a la experiencia histórica, que las teorías que creíamos definitivas para el conocimiento de la naturaleza o de parte de ella pueden ser, así no más, reemplazadas por otras. ¿No fue la física de Newton el gran arquetipo de conocimiento científico de la historia moderna? Lo fue tanto que muchos llegaron a pensar en ella ya como el producto acabado y final del conocimiento del mundo. Pero ella, como le pasa a todo, terminó haciendo crisis, e hizo crisis cuando ciertas observaciones empíricas empezaron a chocar con lo que la teoría predecía. En ese momento se abrió un horizonte de exploración, investigación y creatividad en el que participaron muchos investigadores, y que culminó en 1905 con la publicación del artículo "Sobre la electrodinámica de los cuerpos en movimiento", artículo en el que un desconocido Albert Einstein formuló la teoría de la relatividad especial, que años después vendría a ser ampliada hacia una teoría del universo llamada relatividad general.

Y observemos esto: en estricto rigor alguien podría decir que, si las teorías de Einstein son verdaderas, la física de Newton es falsa. En rigor es la una o la otra. Pero en lugar del rigor podemos elegir el pragmatismo: como veíamos unas páginas atrás, resulta que para la mayoría de cálculos, proyectos, obras y empeños de la vida cotidiana la física de Newton es suficiente (porque en marcos espaciales pequeños y a bajas velocidades las leyes de Newton se cumplen). Por el contrario, emprender esos cálculos y hacer nuestros proyectos usando el aparato matemático de la teoría de la relatividad podría tal vez satisfacer el rigor, pero sería extraordinariamente complejo y además sería innecesario. ¿Qué significa esto? Tal vez que aquella forma de plantear las cosas, de acuerdo con la cual una teoría debe ser cierta y la otra falsa, no es la apropiada: ambas pueden coexistir en diferentes ámbitos y simplemente aplicamos cada una allí donde funcione mejor como herramienta. Y ese funcionar mejor significa no sólo rigor empírico y conceptual, sino sobre todo utilidad y aplicabilidad práctica.

Así, elegimos dejar atrás aquella visión de la ciencia como un *corpus* de conocimiento, como una biblioteca inmutable de la naturaleza, para reemplazarla por una visión de la ciencia que se asemeja más a una caja de herramientas: en ella tenemos varios instrumentos que son las diferentes teorías científicas, que nos pueden servir como instrumentos en diferentes ámbitos de aplicación. Y dentro de la misma caja puedo guardar teorías que en principio son incompatibles, siempre y cuando cada una de ellas nos sea útil y práctica para un determinado propósito, trátese de un propósito de entender o de un propósito de hacer algo. Entender también es un propósito práctico.

Un ejemplo que me gusta mucho, porque lo he estudiado recientemente y porque además deja ver de manera muy transparente el enfoque incorrecto de este problema, es la controversia creada por la aparición de la llamada economía del comportamiento (*behavioral economics*). Simplifiquemos la historia: a partir de construcciones teóricas y matemáticas elaboradas en el siglo XIX, la teoría económica se había edificado sobre la base de un cierto supuesto: la presunción de que los agentes involucrados en ese modelo actuarían buscando su mayor beneficio, y a esto en los términos de la teoría económica se le llamó acción (o decisión) racional, y a dicho tipo de agente se le llamó *maximizador racional de utilidad*; es decir, asumimos que todo el mundo decide y actúa tratando de maximizar su beneficio. De esta idea no se ofrece una prueba ni una demostración: se asume porque parece evidente.

Basta, sin embargo, haber vivido diez minutos en este mundo para saber que las cosas no son así, y que muchas veces los humanos tomamos decisiones o emprendemos actuaciones que no están guiadas por esa racionalidad diáfana: hacemos cosas por capricho, o por moda, o por miedo, o porque todo el mundo las está haciendo. Respondiendo a esa inquietud surgió una línea de trabajo que hoy es mundialmente famosa gracias a la obra de personas como Daniel Kahneman y Richard Thaler: esa línea de trabajo consiste en observar el comportamiento real de la gente, sea en experimentos o en observaciones de procesos en la realidad social. Y encontrar, en esas observaciones, las maneras como nuestra conducta se desvía de aquel supuesto de acción racional: este es el programa de trabajo de la llamada economía del comportamiento. Como era de esperarse, esto produjo un choque frontal con el enfoque anterior. Puestos los dos sobre la mesa, parecería que nos enfrentamos a un dilema ineludible: uno de ellos ha de ser el falso y el otro el verdadero. Y todo parecería indicar que, si ponemos el dilema en esos términos, nos veríamos obligados a rechazar el enfoque tradicional basado en la idea de racionalidad, pues lo que nos muestra la realidad empírica es que ese presupuesto de racionalidad no siempre se cumple. Es decir, si nos ponemos rigurosos, desecharíamos la teoría económica tradicional y nos quedaríamos solo con la economía del comportamiento. Tendríamos sin embargo un gran problema en nuestras manos al día siguiente: resulta que, por más que estuviese basada en un supuesto débil y dudoso, la teoría económica tradicional ha logrado construir modelos útiles y prácticos que resultaban aplicables en numerosas situaciones, con mayor o menor grado de éxito. Su competidora (si así quisiéramos verlo), la economía del comportamiento, estaba por el contrario atascada en un problema: no había logrado construir teorías. Se había quedado, de cierto modo, en la observación y la enumeración de casos experimentales y empíricos en los que se observan desviaciones del postulado de la acción racional, cosas como los famosos sesgos cognitivos que se hicieron tan populares hace un par de décadas. Pero no habían dado el paso hacia la elaboración de teorías y modelos útiles y prácticos que se basaran en un nuevo concepto de acción y decisión humana, de modo que, aun cuando pudiera pretenderse que este enfoque es más aproximado a la realidad que el enfoque tradicional, este último ha logrado darnos instrumentos suficientemente útiles. Elegir el modelo tradicional, entonces, es una opción pragmática: no necesitamos ni siquiera creer en el postulado de acción racional humana como verdad plena, ni necesitamos que se ofrezcan fundamentos para sostenerlo; solo necesitamos asumir que se va a cumplir en un grado suficiente como para poder elaborar, con base en él, teorías y modelos para entender las cosas y para hacer cosas. Y no sería la primera vez que se hace este tipo de opción pragmática, de hecho casi todo el trabajo científico lo hace de uno u otro modo: hay conceptos que no cuestiona ni somete a la demanda de fundamentos. Newton, en la elaboración de su teoría, optó por una noción de espacio que incluso desde su época fue rechazada por otros físicos como Leibniz, pues parecía poco realista (la noción de espacio absoluto). Pero Newton ganó la carrera y se impuso porque la teoría que construyó sobre la base de ese concepto de espacio, débil y cuestionable como en efecto era, funcionó. Willard Van Orman Quine, ese filósofo norteamericano que es como un hijo del pragmatismo y del empirismo lógico de principios del siglo xx, va mucho más allá, y afirma que todo lo que creemos, incluso las nociones más básicas y los conceptos de la lógica, no son más que elementos de teorías científicas útiles, y creemos en ellos y los aceptamos solo en virtud de esto último. Y que tal vez algún día tengamos otras teorías, y por tanto otros conceptos. "Todos los modelos son falsos, pero algunos son útiles", es la gran frase que se le atribuye al matemático y estadístico británico George E. P. Box.

Antes de terminar este tema no podemos dejar de preguntar si estas ideas nos obligan a abandonar completamente el concepto de verdad, y a reemplazarlo sólo por el de utilidad práctica del conocimiento. No es así. William James, maestro en tantas cosas, fue demasiado lejos, innecesariamente lejos, y se extravió un poco, cuando declaró que la verdad de una creencia no es otra cosa que su utilidad práctica. Yo prefiero otra visión pragmática, la de Charles S. Peirce, quien veía a la verdad como algo que, si bien no podemos captar de manera absoluta por muchas razones, es algo a lo que nos podemos aproximar. Su definición de verdad usa como metáfora la idea de límite en el cálculo infinitesimal (que es el valor al cual se aproxima una función a medida que se acerca a cierto punto): verdad, dice Peirce, es el límite hacia el cual nuestras creencias serían llevadas por una incesante investigación científica. La verdad, en una formulación pragmatista más sencilla, es simplemente lo mejor que, gracias a la actividad de la ciencia, tengamos a nuestro alcance para entender el mundo.

La opción pragmática, entonces, es esta: en lugar de extraviarnos en la búsqueda de fundamentos sólidos y de conceptos inobjetables, elegimos aquellos modelos que nos sirven para ampliar y profundizar nuestro entendimiento de las cosas y para hacer cosas prácticas. Y si tenemos varios que en principio parecen incompatibles, no necesitamos desechar uno y conservar otro: podemos conservar los dos, y aplicar cada uno en el ámbito en que rinda mejores resultados. Los conservaremos en nuestra *caja de herramientas*.

Claves pragmáticas

1. Concepto de caja de herramientas: nuestras nociones e ideas son instrumentos para movernos en el mundo y en la vida, no verdades absolutas e incontrovertibles.

2. Por esto mismo las podemos cambiar, intercambiar, desechar y volver a traer cuando quiera que ellas sirvan a nuestros propósitos de entender y decidir.

3. Incluso teorías o ideas aparentemente contradictorias pueden vivir juntas en nuestra caja de herramientas.

18

CHURCHILL O HALIFAX:
¿HAY UN PUNTO EN QUE TODO LO DICHO HASTA ACÁ HACE CRISIS?

Quiero compartir con ustedes una idea, y a continuación aplicarla al tema que hemos venido discutiendo hasta ahora.

La idea es esta: para todo, hasta para lo mejor construido y lo que funciona mejor, hay una frontera a partir de la cual hace crisis, y deja de funcionar tan bien como funcionaba (o deja simplemente de funcionar). No hay ningún sistema de pensamiento, ninguna teoría ni ninguna explicación de la realidad que no tenga un punto o una frontera en la que entra en crisis. Los modelos de pensamiento y las teorías explicativas más exitosas al fin y al cabo no son más que armazones de conceptos, relaciones y deducciones que los seres humanos tejemos para tratar de entender la realidad y para tratar de solucionar problemas. Pero somos tejedores imperfectos porque nuestros recursos son limitados y nuestras posibilidades, aun cuando son maravillosas, no son infinitas. Creo que de esto se dio cuenta hace casi dos milenios y medio Zenón de Elea, el pensador griego que formuló las famosas paradojas o aporías de la flecha y de Aquiles y la tortuga. Según la primera, una flecha nunca puede llegar a su destino porque antes tendría que llegar hasta la mitad de la distancia, y antes de eso hasta la mitad de la mitad, y antes de eso hasta la mitad de la mitad de la mitad, y así en una regresión al infinito del que nuestro armazón conceptual no puede dar cuenta. E igual en el segundo ejemplo, en el que, con el mismo argumento, Zenón nos dice que el hombre más ágil y veloz (Aquiles) jamás podría correr y alcanzar una tortuga si se lo propusiera. Zenón, supongo yo, sabía perfectamente bien que una flecha al dispararse llega a su blanco, y que una tortuga jamás sería rival para Aquiles. Lo que pretendía hacer con estas construcciones ingeniosas era tomar nuestro sistema de conceptos y de ideas, aquel que usamos para entender el mundo, y ponerlo en una situación en que llega a una sin salida, como cuando un *software* encuentra un problema y se bloquea: nuestras ideas de espacio, de movimiento, de finitud e infinitud, tan útiles y tan funcionales en la inmensa mayoría de las ocasiones, son así puestas en una situación en la que hacen crisis. Desde cuando, hace años, como estudiante, aprendí este ejemplo histórico, he estado convencido de que hasta el sistema de conceptos mejor construido y articulado encuentra instancias de crisis en sus fronteras.

Esto, además, es una idea fascinante que emerge al sumergirnos en todas las dimensiones del enfoque pragmático, y que nos lleva a apreciar mucho más el carácter de herramientas útiles y provisionales que tienen nuestros sistemas de pensamiento y conocimiento: no son la Palabra Revelada, son apenas instrumentos que para algo sirven pero que en algún punto se bloquean (como le sucede al *software*). Y creo, para aún mayor fascinación, que este mismo enfoque, el enfoque pragmático, es ejemplo muy claro de esta circunstancia. Es decir, por más que veamos muchas virtudes en sus premisas y en su aplicación, él también tiene fronteras problemáticas y hay lugares en los que se bloquea y es incapaz de ofrecer respuestas satisfactorias. Mi intención aquí es explorar estas fronteras problemáticas a través de la vivencia que me dejó el estudio de una situación histórica.

Esa vivencia sucede en 2010, cuando compré y empecé a leer un libro extraordinario que por cierto recomiendo a toda persona a quien le interese el estudio de las decisiones humanas. El libro se titula *Fateful Choices* (Penguin Books, 2008), del historiador inglés Ian Kershaw, quien se había hecho célebre antes por una biografía de Adolf Hitler. El libro de Kershaw, publicado en español con el título *Decisiones trascendentales* (Crítica, 2023), estudia de manera detallada diez decisiones que definieron el curso de los acontecimientos en el periodo 1940-1941, periodo que fue definitivo para marcar el rumbo que tomaría la Segunda Guerra Mundial.

La reflexión que les quiero compartir surgió con la lectura del primer capítulo de este libro, "Britain decides to fight on" (Gran Bretaña decide continuar luchando). Es una narración detallada de las discusiones que se dieron en el gabinete de guerra británico en aquellas terribles semanas de mayo y junio de 1940. Ocho meses habían pasado desde que, con la invasión a Polonia del 1 de septiembre de 1939, Hitler había dado inicio a la Segunda Guerra Mundial. Los alemanes sometieron con facilidad a Polonia en pocas semanas, y, después de un largo y tenso periodo de siete meses conocido como "guerra falsa", llegó a la larga el momento en el que la máquina de guerra alemana se lanzó sobre el occidente europeo. Bélgica y los Países Bajos no tenían forma de resistir tal arremetida. Y para sorpresa de muchos la poderosa Francia, dotada de sólidas líneas defensivas y de unas fuerzas militares masivas, se desmoronó ante la superioridad de las tácticas de guerra de avanzada de los alemanes. Y bastaron pocas semanas para que lo impensable se hiciera cada vez más posible: que Francia capitulara, y que su aliada Gran Bretaña quedara totalmente sola en la lucha contra la Alemania nazi. Como si fuera poco, la Fuerza Expedicionaria enviada por los británicos a Francia, como si estuviera entre la espada y la pared, quedó atrapada entre el avance alemán y el mar, expuesta a ser diezmada. Con la ya inminente caída de Francia, Gran Bretaña enfrentaba la posibilidad nada remota de que los alemanes decidieran cruzar el canal para invadir las islas británicas. El tiempo corría. Los recursos se acababan. La Fuerza Expedicionaria Británica parecía destinada a la aniquilación, cosa que a su vez significaría un golpe duro para el Ejército británico, que perdería decenas de miles de hombres y quedaría muy debilitado para enfrentar una invasión alemana. Nadie en el mundo, además, parecía dispuesto a levantar un dedo para sumarse a la lucha contra Hitler. Todo, absolutamente todo, señalaba y sugería una catástrofe. Y fue en el gabinete de guerra, institución de emergencia que entró a funcionar una vez estallaron las hostilidades, donde el Reino Unido se planteó la cuestión de qué hacer.

Las discusiones que se dieron, y que están claramente explicadas en el libro de Kershaw, fueron dominadas por dos personalidades: la del conde de Halifax, secretario de Asuntos Exteriores del Gobierno británico, y la de Winston Churchill, que acababa de asumir el cargo de primer ministro del Reino Unido. Halifax, consciente de cuán desesperada era la situación de Gran Bretaña, y conocedor del peligro que ella enfrentaba, proponía buscar algún canal para negociar con el Gobierno de Alemania. Churchill, en cambio, se haría famoso por su insistencia en seguir luchando, aun si era necesario luchar solos, aun si todos los recursos se agotaban, y aun si todas las posibilidades materiales indicaban una muy probable derrota: "Defenderemos nuestra isla, cualquiera sea el costo; combatiremos en las playas, combatiremos en los campos de desembarco, combatiremos en los campos y en las calles; combatiremos en las colinas, nunca nos rendiremos", dijo Churchill el 4 de junio de 1940 en un discurso que merecidamente se sigue recordando. Al leer en el libro de Kershaw la historia en detalle de estas discusiones, al examinar el cruce de argumentos y contraargumentos, no pude evitar una terrible constatación que me dejó literalmente congelado al terminar el capítulo: fue el preguntarme si yo, con mi enfoque pragmático de las decisiones, en el que doy consideración casi mecánica a la eficacia posible y la conveniencia anticipable de cada curso de acción, en esas discusiones, habría tomado el lado de Halifax.

Sentí, repito, como si me hubiera estrellado contra una pared de concreto. ¿Acaso quién en esa discusión, como la conocemos hoy, querría ser Halifax? Todos, por supuesto, quisiéramos ser su contraparte, quisiéramos ser aquel gran héroe que contra toda posibilidad y frente a toda adversidad le dio a su nación el valor para combatir. ¿Quién quiere acaso ser ese hombre que, sobre la base de un cálculo frío y racional, propone buscar algún tipo de acuerdo con la encarnación misma del mal? Todos quisiéramos ser el que, en vez de ese frío en el alma y ese predominio del cerebro racional, siente en sus entrañas la energía para declarar que, sin importar cuán fuertes y numerosos sean los invasores, se les combatirá sin tregua en cada rincón y lugar. Pero no podía dejar yo de ver rasgos de Halifax en mi manera de enfrentar los problemas: no pude evitar pensar que, de haber estado en esa situación, mi forma de abordar los problemas habría tal vez llevado a una posición parecida a la de aquel secretario de Asuntos Exteriores. Es más: podría decirse que la aplicación de cada una de las herramientas y perspectivas que aquí hemos estudiado, como la negociación, el *compromise* y la idea de que tras todo beneficio hay un *trade-off*, sugeriría un enfoque del problema idéntico al de Halifax. La luz roja se encendió y la alarma sonó: algo estaba mal. Algo debía de estar muy equivocado en mi manera de pensar. No necesito enumerar las razones: conocemos el curso de la historia, y sabemos que solo gracias a esa insistencia obstinada y casi irracional de Churchill se salvaron los británicos y tal vez se salvó el mundo. He pasado años preguntándome dónde está mi error y, sobre todo, si este invalida por completo la perspectiva pragmática y racional que he defendido en este texto.

No podríamos responder esa pregunta sin mirar el detalle de aquellas discusiones. Y lo primero que al respecto encontraríamos es que la idea de negociar, la idea de buscar algún canal para obtener términos razonables, no solo no era extraña ni era única de Halifax, sino que de forma inevitable surgía al contemplar la gravedad de las circunstancias. Miremos la situación por ejemplo del ejército británico, ya duramente golpeado, y del cual, según Ian Kershaw, "quedaría muy poco para enfrentar una invasión alemana, la cual, según indicaba la inteligencia británica, podría ser inminente". Añade Kershaw que la opción de una victoria parecía totalmente fuera de cualquier posibilidad: "era ya la supervivencia, y no la victoria, lo que estaba en juego". En tales circunstancias, dice Kershaw, no debía sorprendernos que algunas voces estuvieran proponiendo algún tipo de aproximación negociada. Además porque, a ojos de prácticamente todo analista riguroso, esa aproximación negociada se iba a dar tarde o temprano, y mientras más temprano se diera tal vez sería posible obtener mejores términos, pues el tiempo les daría a los alemanes la oportunidad de golpear mucho más la capacidad militar británica: "Algo implícito en la idea de Halifax era que llegaría el momento, tal vez más temprano que tarde, contando con Francia o sin contar con ella —ya lo más probable—, en el que la Gran Bretaña tendría que negociar para terminar la guerra".

Y por el otro lado, en contraste con esta racionalidad analítica tenemos a Churchill con sus electrizantes discursos y su llamado a nunca rendirse. Dice en sus memorias el propio primer ministro que en una ocasión, al dirigirse a todos los ministros del gabinete, no le quedó duda de que cada uno de ellos salió de allí dispuesto a morir y a que sus propiedades fueran arrasadas y destruidas con tal de resistir al invasor. Un Churchill cuyo contraste con Halifax era tan grande que está testimoniado así en las memorias del secretario de Asuntos Exteriores: "Me lleva a la angustia el verlo elevarse a esa pasión de emociones cuando debería estar haciendo que su cerebro razone y piense". El choque de temperamentos en efecto no podía ser mayor: "El temperamento emocional de Churchill era la antítesis de la racionalidad fría e instintiva de Halifax", dice Kershaw. Vemos entonces por un lado a aquel Halifax que considera todos los hechos, analiza los costos, evalúa la oportunidad, y encuentra que el mejor camino es ceder algo en una negociación inmediata para garantizar la supervivencia y, sobre todo, para evitar tener que negociar en el futuro en peores términos. Y por el otro lado tenemos al Churchill que grita, da un golpe en la mesa, y declara que eso es inaceptable y que la isla tiene que combatir hasta que caiga el último británico. Cómo no vamos a encontrar problemática esta situación cuando, en páginas y páginas de este texto, hemos valorado todas aquellas cosas que está haciendo Halifax, el hombre que, sabemos, estaba equivocado.

Parecería entonces que en nuestro recorrido por las ideas y las actitudes del pragmatismo hemos llegado a una frontera problemática, a un cierto lugar en el que sus tesis y sus recomendaciones ya no parecen válidas. Un punto en el que colapsan. Y para entenderlo podríamos decir, simplificando un poco, que hemos llegado a la frontera tras la cual están las cosas que no se negocian, aquellas que no admiten cálculos ni *compromises*, y en las cuales no hay consideración posible de *trade-offs*. Se me ocurren al menos tres casos en los que encontramos esta situación crítica. Ellos están emparentados, pero quiero diferenciarlos porque siento que se presentan de ese modo en la práctica.

Primero tenemos las cosas que no se negocian porque negociarlas sería inmoral. Porque negociar implicaría, por ejemplo, ceder frente a valores tan esenciales que no admiten este tipo de concesión, incluso si las consecuencias de no negociar son graves. Principios centrales como la vida y la libertad del ser humano están en esta categoría: frente a ellos no hay nada que negociar ni ceder.

Bajemos después la que bien podría ser una muy amplia categoría, en la que encontramos las cosas que no se negocian simplemente porque, por razones que pueden ser muy variadas, se considera inaceptable negociarlas. Y de nuevo ello hace que las consecuencias de no negociar, así ellas sean severas, terminen siendo preferibles a negociar, o que al menos la probabilidad de sufrirlas termine siendo preferible. En esta categoría pueden caber múltiples cosas que diferentes personas, en diferentes momentos, pueden considerar innegociables. La integridad y la independencia de una nación podrían ser un buen ejemplo, y algo de ello hay en los argumentos de Churchill cuando defendía la opción de seguir combatiendo: ninguna negociación era aceptable si ella significaba que la nación británica iba a quedar de alguna manera sometida a la voluntad del *Reich* alemán, o que de alguna manera podía ser dividida, ocupada, sometida, desmembrada o desmantelada. Era preferible entonces jugársela toda por la opción de seguir combatiendo. Pero aunque este es un ejemplo prominente en esta categoría, y es además un ejemplo bastante persuasivo, en la práctica vamos a encontrar que casi cada persona tiene su propia métrica de qué es aceptable negociar y qué no lo es.

Finalmente, podría identificarse otra situación en la que se prefiere la verticalidad a la negociación, y ella surge cuando consideramos que la negociación resolvería si acaso un problema de corto plazo, pero abriría o dejaría vivos problemas más grandes para el futuro. Si aquellos problemas son muy severos, y si nuestra posibilidad futura de enfrentarlos va a ser muy débil, resulta preferible la intransigencia a la negociación. ¿Suena pragmático, no? Ciertas interpretaciones de la posición de Churchill, como veremos más adelante, consideran que esta era en el fondo su posición y que de hecho era tan fría y calculada como la de Halifax, no importa si venía revestida de una retórica de heroísmo. De ser así, Churchill sería tan pragmático como Halifax, pero lo sería muy a su manera.

Es importante tener en cuenta que en todos estos casos enfrentamos, en el fondo y en último término, un dilema para el que no existen parámetros ni reglas generales, y que también es un dilema: ser pragmáticos y calculadores o no. ¿Por qué es este un dilema pragmático? Porque llegado el momento corresponderá a cada persona, o a cada grupo o comité que tenga que tomar una decisión, valorar en qué medida y a partir de qué momento es preferible asumir el camino de no negociar. Y no hay para ello reglas generales, diferentes tal vez a la de los parámetros innegociables de la dignidad humana: pero más allá de ese obvio límite, volvemos a encontrarnos con un ámbito de decisión amplio e indeterminado. Esa decisión involucra sobre todo valorar riesgos y realizar apuestas: por ejemplo, la decisión británica de no negociar con Hitler equivalía a apostar casi todo, incluida la vida misma de los habitantes de la isla, a que sería o mejor o preferible no negociar. Y como toda apuesta, y como todo riesgo, requiere una valoración pragmática de los recursos y las capacidades que tenemos para asumirla, y también de los elementos del contexto y del entorno que podrían hacer que las cosas girasen en una u otra dirección. Con respecto a esto último, por ejemplo, Churchill siempre guardó la esperanza de que en algún momento Estados Unidos se sacudiría de su adormecimiento y acudiría en ayuda de los británicos. O sea, no todo era heroísmo encendido, también había cálculo estratégico. De hecho, aquel estremecedor discurso en el que convoca a los británicos a combatir en las calles, en las colinas y en las playas tiene un apartado un poco menos heroico y más pragmático: "... hasta que, cuando Dios lo disponga, el Nuevo Mundo, con todo su poder y su fuerza, acuda al rescate y a la liberación del Viejo Mundo". Churchill, en una combinación interesante y magistral, podía ser intransigente donde y cuando se necesitaba, y muy pragmático donde y cuando ello se requería (y esta capacidad de combinar pragmatismo e intransigencia es en el fondo una especie de meta-capacidad pragmática: ser pragmático al combinar heroísmo encendido y cálculo frío). Churchill, pragmático en el fondo, no se quedó en llamados sonoros a combatir hasta la muerte, sino que puso en marcha

todos los esfuerzos materiales, políticos, militares y diplomáti-
cos para asegurar que esa lucha tuviera éxito. Y fue muy claro,
práctico y acertado en la identificación de los medios necesarios
para ello: siempre, por ejemplo, supo que el hecho clave que
de manera inevitable orientaría la guerra en su favor sería la
entrada en ella de Estados Unidos, y eso fue lo que efectivamente
ocurrió. Tenía también claro que los alemanes cometerían un
gran error estratégico al invadir la Unión Soviética, y que ese
error les daría a los británicos un respiro y una ventaja. ¿Y no
es acaso una muestra singular de pragmatismo su decisión de
aliarse con la Unión Soviética si ello era necesario para derrotar
a Hitler? Mientras muchos aún divagaban en dudas sobre cuál
de estos dos regímenes era una amenaza peor, Churchill lo tuvo
claro desde el principio; y él, un conservador como ninguno
que despreciaba profundamente el comunismo, fue capaz de
decir, refiriéndose a la alianza con Stalin, que si Hitler invadía
el infierno "yo al menos haría una referencia favorable al diablo
en la Cámara de los Comunes"; háblenme de pragmatismo.

Ya que el ejemplo en el que nos estamos basando para esta
conversación es el de la decisión británica de seguir luchando en
junio de 1940, es importante que consideremos una hipótesis
que existe sobre la actitud de Churchill, una hipótesis que ya de
paso insinuamos unas líneas más arriba. De acuerdo con dicha
hipótesis, el contraste entre Halifax y Churchill, el primero frío,
analítico y pragmático, y el segundo cargado de un heroísmo
inflexible y apasionado, sería apenas aparente, pues en el fondo
Churchill era tan pragmático como Halifax y detrás de sus
discursos había cálculos que no eran menos fríos, pragmáticos y

racionales que los que hacía el secretario de Asuntos Exteriores. Esta parece ser la interpretación del propio Ian Kershaw, y el argumento podría sintetizarse de esta manera: en el fondo, la decisión de no negociar y de seguir luchando estaba determinada por consideraciones prácticas; la primera, la necesidad de contar en el futuro con el apoyo de otros países (en particular Estados Unidos), pues solo un despliegue de determinación inflexible inspiraría a esos países a acudir en ayuda de los británicos; en segundo lugar, a Churchill le preocupaba que la simple mención de que el país estaba dispuesto a negociar desmoronara por completo la moral de la población, moral que se iba a necesitar para enfrentar las dificultades que vendrían en cualquier ruta que se siguiera; por último, Churchill habría tenido la convicción de que incluso en esa fase temprana los términos de la negociación serían impuestos por los alemanes, y ellos implicarían necesariamente condiciones gravosas y hasta humillantes (por ejemplo, que el Reino Unido entregara su flota o la mayor parte de ella): en este caso, una opción fría, pragmática y calculadora es la de no negociar, ya que sus consecuencias son peores. Es por estas razones que Ian Kershaw afirma que la lógica de la decisión de Churchill era por completo racional. Diríamos nosotros que era pragmática por cuanto atendía directamente a hechos y a resultados. Es más: podríamos decir que Halifax y Churchill eran igual de pragmáticos pero entre ellos había dos diferencias: una de estilo, pues mientras Halifax era en todo momento y lugar tan frío y analítico como sus deducciones, Churchill era capaz de salir al Parlamento o de ponerse frente al micrófono y adoptar un lenguaje que comunicaba emoción e inspiración.

Otra diferencia sería que Churchill era capaz de ver mucho más lejos que Halifax, quien seguramente estaba enfocado en la situación inmediata: Churchill, en cambio pensaba ante todo en las consecuencias que la decisión tendría meses o años más adelante. En ese sentido ambos serían igualmente pragmáticos, pero Churchill tenía una mejor selección de criterios pues su visión era de más largo alcance.

En favor de Halifax hay que decir algo muy importante: pese a su insistencia en buscar un camino de negociación, y pese a su enfrentamiento en este punto con Churchill, nadie jamás puso en duda su compromiso con el país, y nadie sospechó que tuviera simpatías por los alemanes o algo por el estilo (como sí había ocurrido con otros personajes de la nobleza británica). La intención de Halifax con su propuesta era buscar el mejor desenlace para la Gran Bretaña, que en su concepto estaba en evitar una guerra devastadora mediante una negociación temprana. Y además —cosa con la que él insistía en sus intervenciones— no se perdía nada con intentar (como ya hemos visto Churchill sí pensaba, por razones concretas, que incluso el solo intentarlo hacía daño).

Pero miren esto tan interesante: ¿recuerdan que en este punto estábamos explorando aquellas instancias en las cuales la idea del pragmatismo colapsa, y nos encontramos con aquellas cosas frente a las cuales no puede haber concesiones ni cálculos ni negociaciones? Estábamos explorando, para usar la expresión griega, las *aporías* del pragmatismo, los momentos o los lugares en los cuales el enfoque pragmatista produce una sin salida. Mi propia impresión, a partir del ejemplo histórico de

Churchill y Halifax, es que en efecto el terreno del pragmatismo sí tiene fronteras o lugares remotos en los cuales sus postulados colapsan, y su enfoque deja de ser el adecuado. El más obvio es el de los eventos en que están involucrados los elementos esenciales de la dignidad humana, claro está. Pero ¿qué pensar más allá de este caso que por ser obvio es fácil de identificar? ¿Dónde podemos efectivamente encontrar esas fronteras o esos lugares donde el pragmatismo se bloquea? En algún momento me pasó por la mente que ellos estuvieran definidos por los momentos o las situaciones de crisis, pero después recordé que es precisamente en momentos de crisis en que las virtudes del enfoque pragmático son más necesarias: las crisis bien pueden hacernos perder la cabeza, y por tanto en medio de ellas son en especial apreciables la capacidad de pensar con calma, identificar con claridad objetivos, concebir y diseñar planes de acción y conservar la tranquilidad para ejecutarlos o dirigir su ejecución. De esto también hay numerosos ejemplos y experiencias: tal vez mi ejemplo histórico favorito es la Guerra de Yom Kipur de 1973, que bien puede ser la situación más crítica vivida por el Estado de Israel desde su fundación en 1948, por cuenta de un ataque sorpresivo y coordinado de las fuerzas armadas egipcias y sirias. Allí también hubo un contraste entre personajes, el legendario Moshé Dayán, ministro de Defensa, y el poco conocido general David Elazar, comandante de las Fuerzas de Defensa Israelíes. Dayan, de acuerdo con todos los testimonios, entró en pánico e incluso se sentaba a llorar y a lamentar la inminente desaparición del país; Elazar, mientras tanto, se hizo famoso por su increíble capacidad de mantener un enfoque analítico y frío que le permitió dirigir las operaciones y evitar una catástrofe. Conclusión: no necesariamente toda situación de crisis constituye una frontera del pragmatismo.

Es posible, de hecho, que ese colapso del pragmatismo, que esas situaciones donde él lleva a la aporía, se refieran más bien al enfoque y las manifestaciones conductuales del pragmatismo más que al propio pragmatismo. Es decir, existen manifestaciones de comportamiento y conducta usualmente asociadas con el enfoque pragmático, como por ejemplo la calma y la perspectiva fría de las cosas, que eran las que caracterizaban a Halifax en sus discusiones con el ardiente Churchill. Pero ¿cuál sería la actitud que me convendría tener, por ejemplo, si yo estuviera a bordo de una embarcación que se está hundiendo? Tal vez no quisiera ser esa persona que observa detenidamente la situación, y a partir de ello concluye que no hay posibilidad ninguna de salvación y por tanto se sienta a esperar el final. Tal vez me convendría ser la persona que desesperadamente patalea por subir a la superficie, o que con afán corre buscando una tabla o un cojín o cualquier cosa de la que pueda aferrarse para flotar. Esto porque aun cuando encontrar esa tabla sea poco probable, o sea poco probable que pueda nadar hasta la orilla, o que sea poco probable que aparezca una embarcación de rescate, o que encuentre lugar en un bote salvavidas, la recompensa en caso de que se manifieste esa ínfima probabilidad es gigantesca: es salvar mi vida. Es decir, vale la pena incluso apostar por esa pequeña franja de probabilidad.

Se me antoja, a veces, que eso que acabo de decir es una especie de metapragmatismo. Es como si la mente, en un nivel superior, de forma pragmática decidiera que lo mejor es que mi mente y yo mismo nos comportemos de una manera poco pragmática (intentarlo, patalear) pues ello es lo que me abre al menos una ventana para lograr lo que quiero lograr, en ese caso salvar mi vida. En último término, un objetivo concreto y práctico. No comportarse como un pragmático sería, en ese caso, una opción pragmática. Tengo de todos modos dudas sobre este ejemplo y sobre este planteamiento, y seguramente ustedes también las podrán tener.

Solo hay una manera de terminar esta reflexión sobre los límites del pragmatismo, y es decir que al respecto, con excepción de la ya muchas veces mencionada frontera de la dignidad humana, no hay reglas generales. Cada caso, cada persona y cada conjunto de diferentes criterios que cada persona tenga, o que cada grupo valore, será lo que determine la respuesta. Pero no hay nada más pragmático que aceptar que frente a la mayoría de decisiones no hay reglas generales, y que esta no es la excepción.

Claves pragmáticas
1.   Una enseñanza pragmática es que para todas las creencias, las teorías o los enfoques existe alguna región del mundo de los acontecimientos en que ellas colapsan, en cuanto ya no son útiles.

Nota de despedida

Esto no se acaba aquí. Nos volveremos a ver pronto. Muchas gracias por su compañía.

Agradecimientos

Siempre, y por encima de todo, gracias a Nadya Libertad. Por todo.

A Hernando Salazar, amigo y mentor profesional, porque muchas de las ideas aquí contenidas surgieron cuando trabajé bajo su guía, y en posteriores conversaciones.

A Andrés Caro, amigo con quien inicié y mantengo la aventura del pódcast *Terrenal*, por muchas ideas, muchas horas de conversación, y por la lectura íntegra que hizo del primer borrador; sus sugerencias, preguntas y hasta desafíos orientaron mucho de esta reflexión y lo seguirán haciendo.

A Andrés Acevedo, amigo a quien debo muchas recomendaciones prácticas, y que también hizo una lectura total de este manuscrito y lo enriqueció con sugerencias.

A Natalia García, editora que me guio durante todo este proceso, generosa con sus recomendaciones, y acertada en sus observaciones.

«Para viajar lejos no hay mejor nave que un libro».

EMILY DICKINSON

Gracias por tu lectura de este libro.

En **penguinlibros.club** encontrarás las mejores
recomendaciones de lectura.

Únete a nuestra comunidad y viaja con nosotros.

penguinlibros.club

Penguin
Random House
Grupo Editorial

penguinlibros